アセアン統合の衝撃

EUの蹉跌をいかに乗り越えるのか

西村英俊・小林英夫・浦田秀次郎 編著

ビジネス社

はじめに――アセアンの将来――Responsive ASEAN

アセアン（東南アジア諸国連合：The Association of South-East Asian Nations）加盟一〇カ国は、いま激変の最中にある。

アセアンがスタートしたのが一九六七年。この時のメンバー諸国は、シンガポール、タイ、インドネシア、マレーシア、フィリピンの五カ国だった。それが現在はブルネイ、ベトナム、ラオス、ミャンマー、カンボジアが加盟して、その数一〇カ国となっている。

こうして形成されつつあるこの一〇カ国を包み込んだアセアンの総人口は約六・二億人。日本の約五倍であり、また一三億人の人口を擁する世界最大の大国、中国の約半分に該当する。性格が類似した欧州のEUが約五億人の人口を抱えていることと比較しても、アセアンの方がはるかに大きい。そして、この地域が生み出すGDP総額は九〇年代には日本の約二〇分の一であったが、二〇一三年には約二兆四〇〇〇億ドルで、アメリカ、中国に次いで世界第三位の日本の約半分まで達するにいたった（アジア開発銀行　ADBホームページより）。

いまなぜ、こんな数値を挙げたかといえば、実は、この広大な地域が一つの経済圏に生まれ変わろうとしているからである。二〇〇七年一月にフィリピンで開催された第一二回

はじめに

アセアンサミットは、「セブ宣言」に署名し、以降、毎年協議を重ねるなかで、二〇一五年一一月のクアラルンプール宣言においてアセアン共同体の設立を宣言し、同時にアセアン共同体ビジョン二〇二五において三つの共同体（政治安全保障、経済、社会文化共同体）の今後の方向性を示した。アセアンは一九九九年（カンボジアが九九年四月加盟）には先進国の経済ブロック化に対する埋没を避けるために、思想・信条を超えて、経済発展という共通目的のために一〇カ国に増加し、人口もEUに匹敵する規模に拡大した。さらに、メンバー間の格差是正をその存在目的とし、相互の関税撤廃に向けてEUとは異なる単一市場・単一生産基地という、ユニークな経済共同体へと一歩を踏み出した。ついに二〇年の歳月をかけて、アセアン共同体の形成にたどり着いたのである。

関税、非関税障壁を撤廃し（ただし、遅れて加盟したベトナム、ラオス、ミャンマー、カンボジアは二〇一八年を目途に）、貿易、投資を含めて域内協力を積極化させている。しかし、EUのような人や金の自由な移動は実現しておらず、ましてや通貨統合などははるか先の話ではあるが、一歩一歩課題に取り組んで前進してきているのが実情である。

では、日本としては、この巨大な経済圏とどう付き合えばいいのか、という大きな課題が眼前に現われてきているのである。この大きな問題への回答を試みることが本書の課題であり、我々の本書執筆の意図でもある。

アセアン統合の衝撃◎目次

第1章　アセアンの現況

第2章 アセアン共同体

第3章　アセアンを支える産業～電機産業～

第4章　アセアンを支える産業～自動車産業～

第5章　アセアンの将来と施策

エピローグ　アセアンとＴＰＰ

第1章

アセアンの現況

GDPが急成長するアセアン

日本や先進欧米諸国が二〇〇八年以降のリーマンショックを契機とした世界不況の嵐に苦しんでいた時、じっくりと内部需要を広げてきていたアセアン諸国は、確実な成長路線を歩んでいた。

ちょうど一〇年前の一九九七年に起きたアジア通貨危機の時は、タイをはじめインドネシアを含むこの地域は激しい通貨変動の波に洗われたが、一〇年たったいま、そうした外部経済のプレッシャーをはねのけて、独自の道を歩む実力をアセアン各国は身に着け始めたのである。

いかにしてその技を身に着けたのかに関しては後述するとして、二〇〇〇年代以降、これらのアセアン各国が着実に経済を成長させてきた姿をGDP動向で見ておくこととしよう（ADBホームページ）。

まず二〇〇〇年代に入ってからアセアン各国は、順調に一人当たりGDPを伸ばしてきていることがわかる。二〇一四年段階で見れば、シンガポールは約五万六三〇〇ドルで、日本を抜いて世界第九位に上がってきている。

それに次ぐのがブルネイで四万一〇〇〇ドルを超えた。この二国が一人当たりＧＤＰではアセアンの先頭集団を形成している。そして、マレーシアの約一万一〇〇〇ドルとタイの約五九〇〇ドル、インドネシアの三五〇〇ドルである。この三カ国がアセアンの中堅グループを形成している。

これを追って上昇を開始しているのが、フィリピン以下の五カ国である。二〇一四年でフィリピンが二九〇〇ドル、ベトナムが二〇〇〇ドル、ラオスが一八〇〇ドル、ミャンマーが一二〇〇ドル、最下位のカンボジアが一〇九〇ドルである。

たしかに、大別すればアセアン一〇カ国は三つの集団に分けることができるが、いずれの国々も二〇〇五年を過ぎたあたりから急速に一人当たりＧＤＰが上昇を開始していることがわかる。

そして世界銀行によれば、その傾向はやむどころか加速化されて、上昇を開始するだろうという予測なのである。

アセアン中堅どころのタイ、インドネシアの一人当たりＧＤＰが三〇〇〇ドルから五〇〇〇ドルといえば、日本では一九七〇年代で、佐藤内閣から田中内閣のころで、大衆消費の真っただなかの時代に該当する。

アセアンも先頭集団や中堅トップのマレーシアはすでにこれを経験し、中堅グループ二

一人当たりのGDPの推移と予測

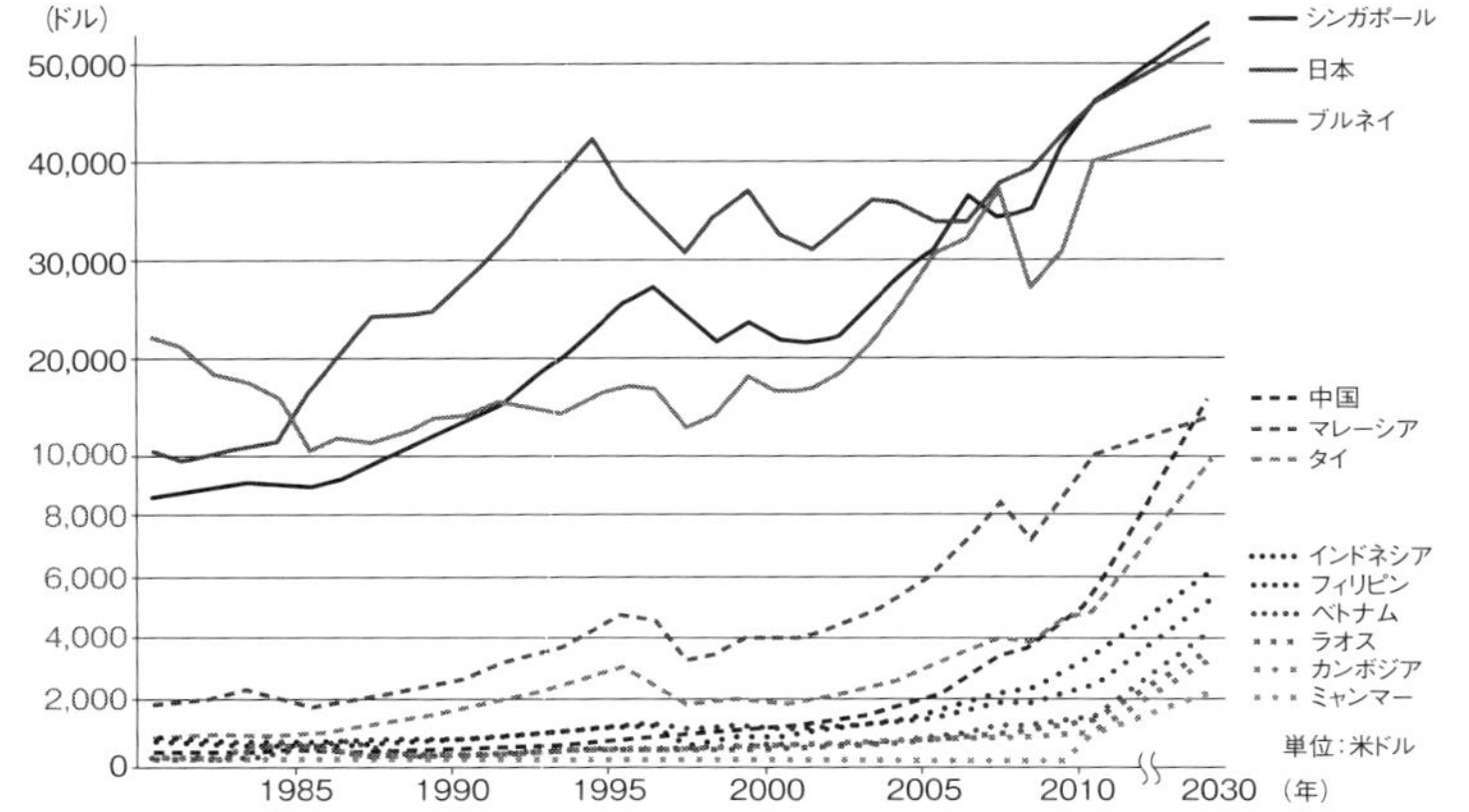

出典：国際機関日本アセアンセンター「ASEAN情報マップ」より。

国はその真っただなかにあり、そして後発グループは、これからその時代に突入しようとしているのである。

若者が主力を占めるアセアン

アセアンのいま一つの特徴は、その人口構成にある。若者が圧倒的比重を占めているのである。それぞれの人口構成（二〇一五年）を見ておこう。

総人口のなかに占める二〇歳未満層がどれだけ占めているか、という点で見れば、タイは三〇％を切っている。

逆に六五歳以上が八％に近く、いわば、老人人口が増えてきているのである。タイをアセアンのなかで唯一の例外として、マレーシア、インドネシア、ベトナム、フィリピンの五カ国はいずれも二〇歳未満が人口の三〇%から四〇%という高い比率を占め、逆に六五歳以上は、低ければ四%台、高くても六%を若干超えた程度で、七%になることはない。

人口増加率も一%以下のタイを例外とすれば、一〜二%の間を上下している。つまりは、アセアンは若者が主力を占める国家群なのである。これからの経済成長が大きく期待できる国家群が集中しているのである。

これと対照的なのが、日本である。タイを極端にした釣鐘型の日本の人口構成は、人口こそ一億二〇〇〇万人とアセアン各国を凌ぐ大きさだが、六五歳以上が二三・三%と極端に肥大化している。

そして人口増加率は、マイナス〇・七%と減少を開始しており、今後このまま減り続ければ、二〇五〇年には総人口は一億人を割り込むものと予想されているのである（総務省二〇一五年国勢調査速報値　一〇年比）。

タイ

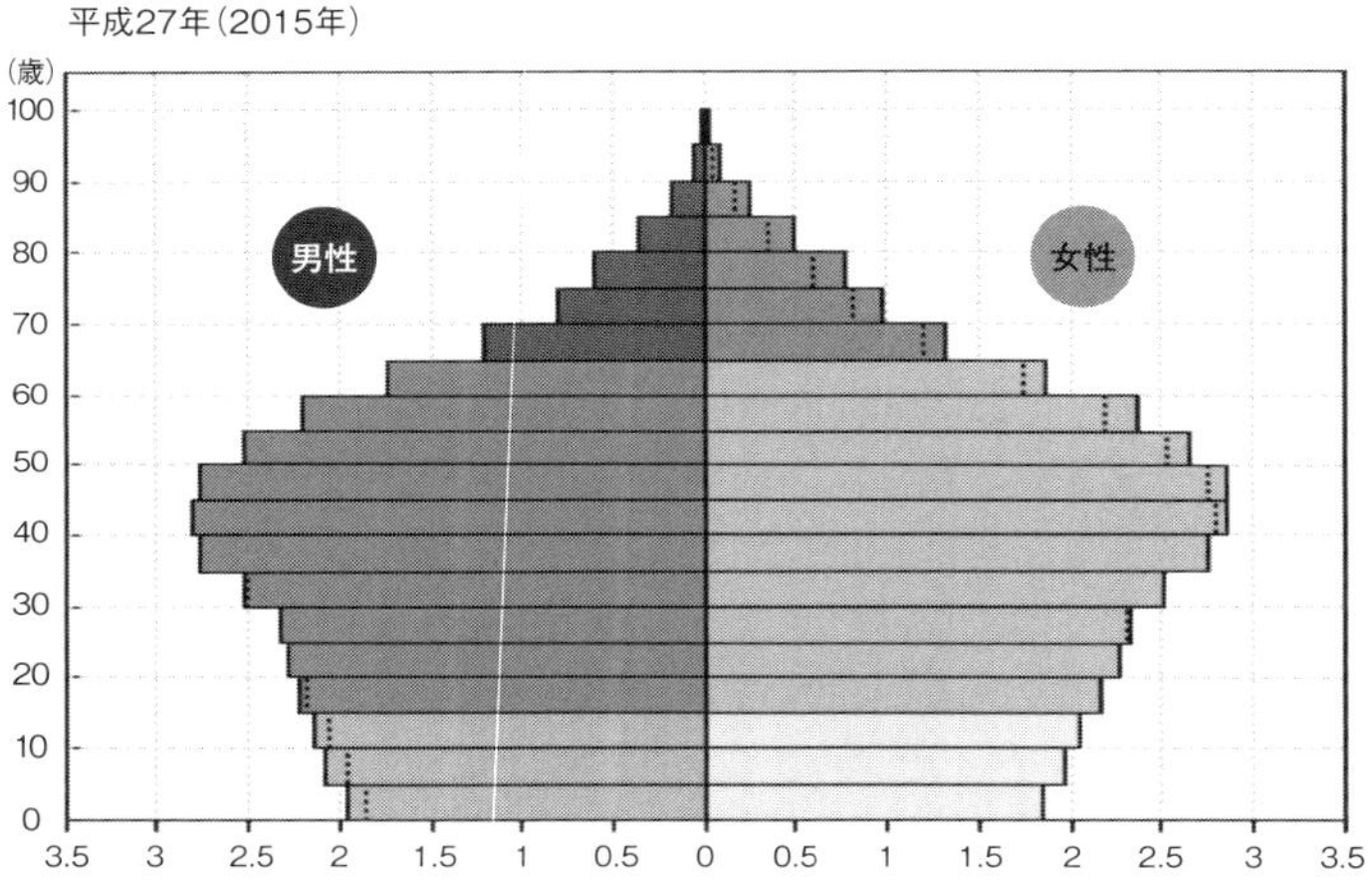
平成27年（2015年）
（歳）
100
90
80
70
60
50
40
30
20
10
0
男性
女性
3.5
3
2.5
2
1.5
1
0.5
0
0.5
1
1.5
2
2.5
3
3.5

マレーシア

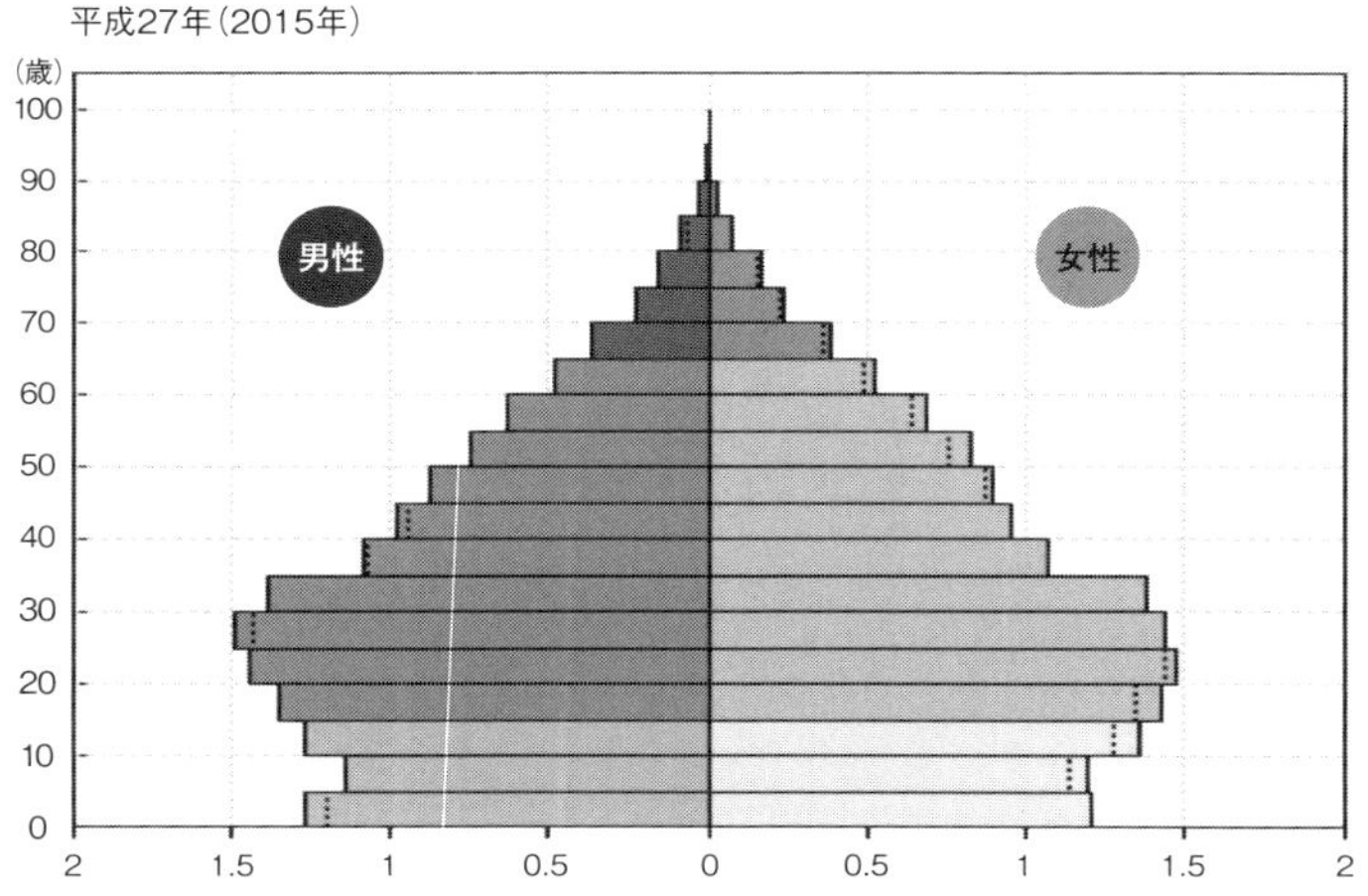
平成27年（2015年）
（歳）
100
90
80
70
60
50
40
30
20
10
0
男性
女性
2
1.5
1
0.5
0
0.5
1
1.5
2

フィリピン

平成27年(2015年)

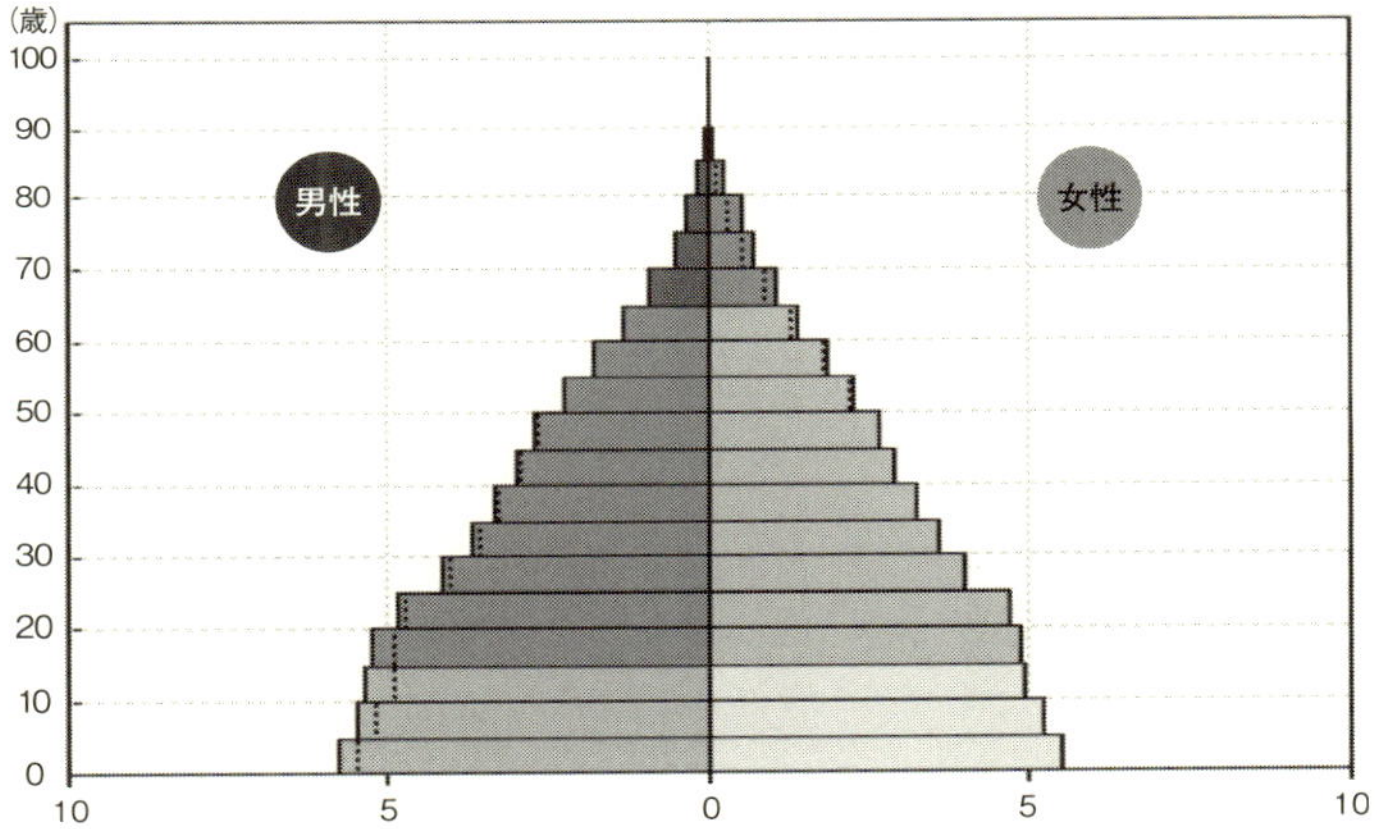

インドネシア

平成27年(2015年)

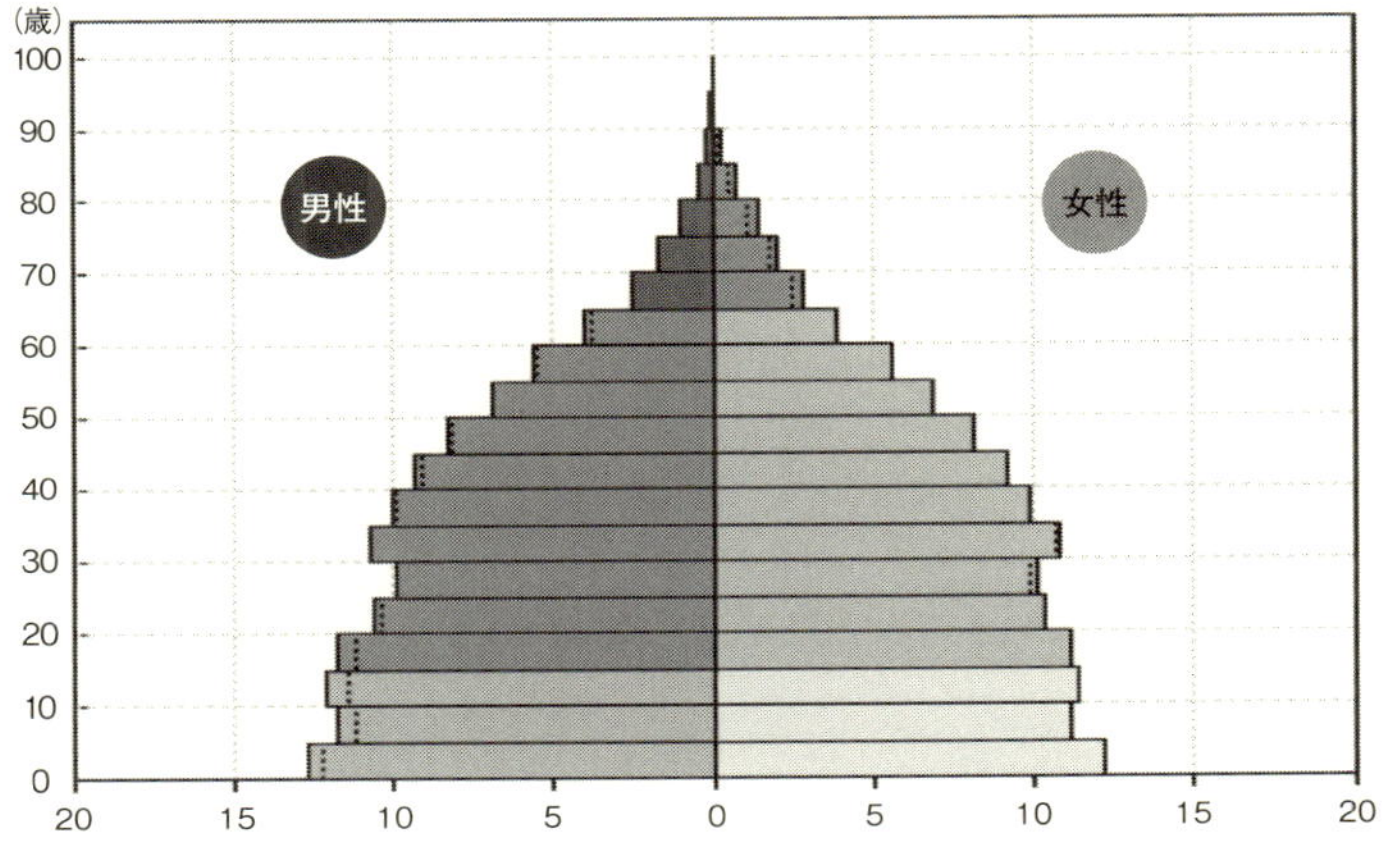

カンボジア

平成27年（2015年）

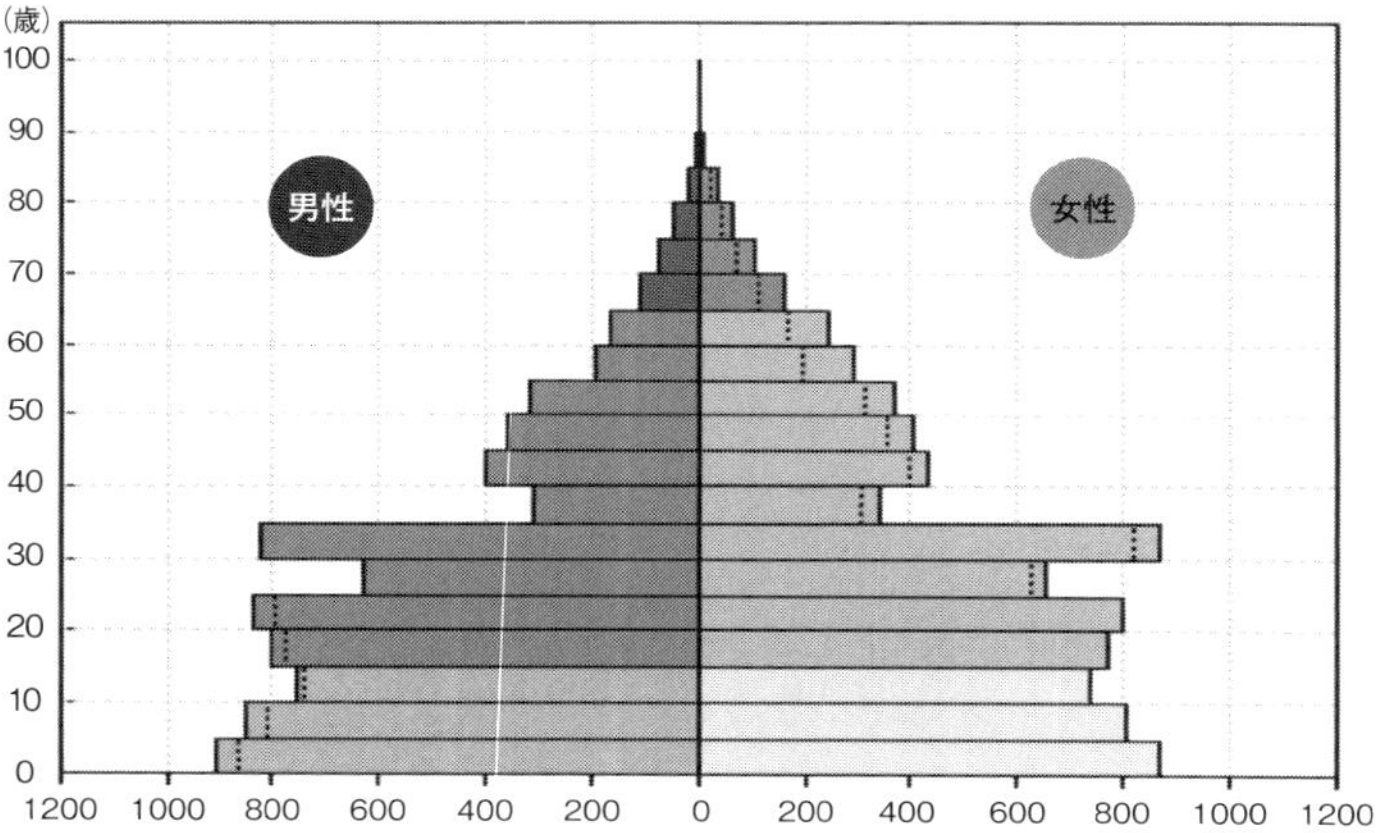

ラオス

平成27年（2015年）

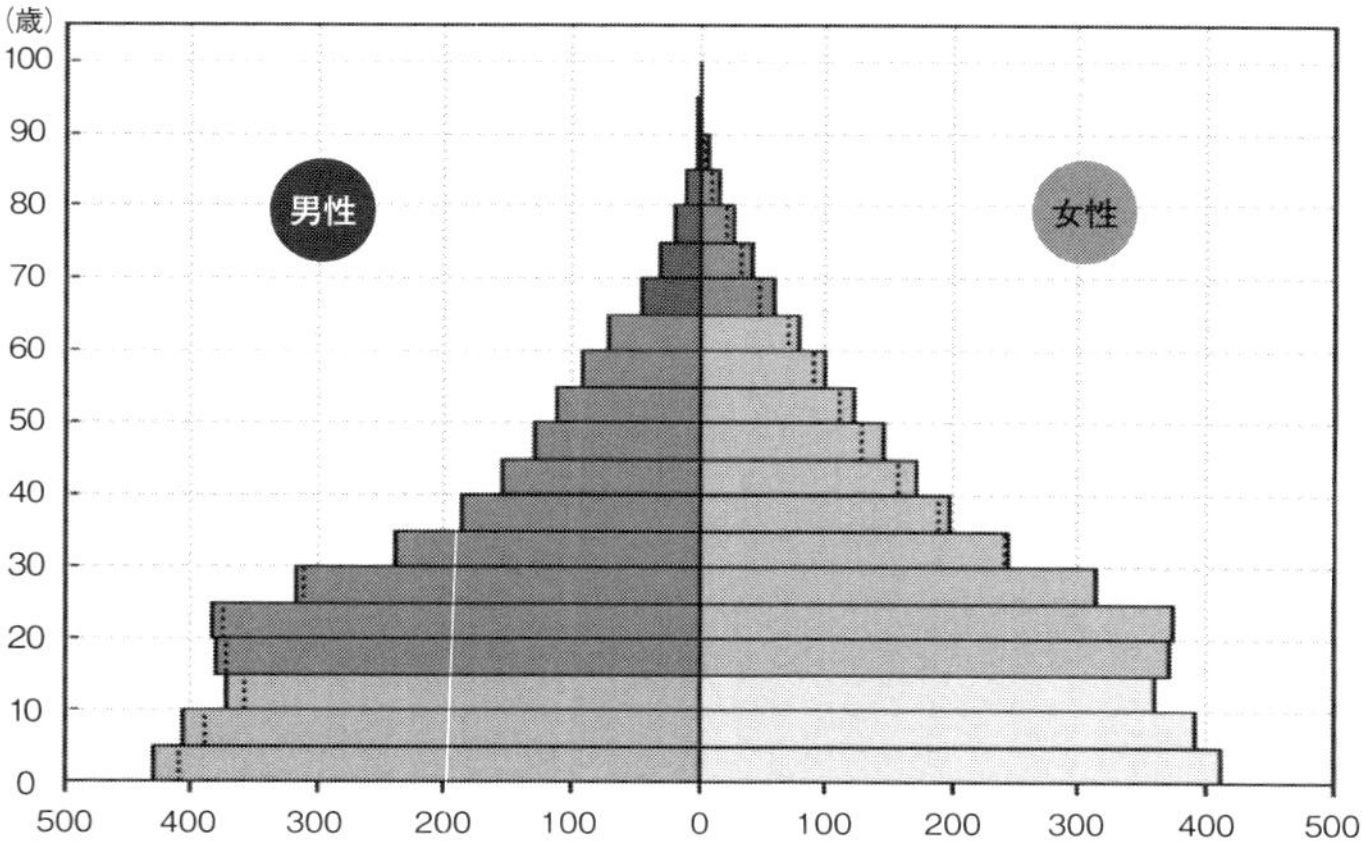

ミャンマー

平成27年（2015年）

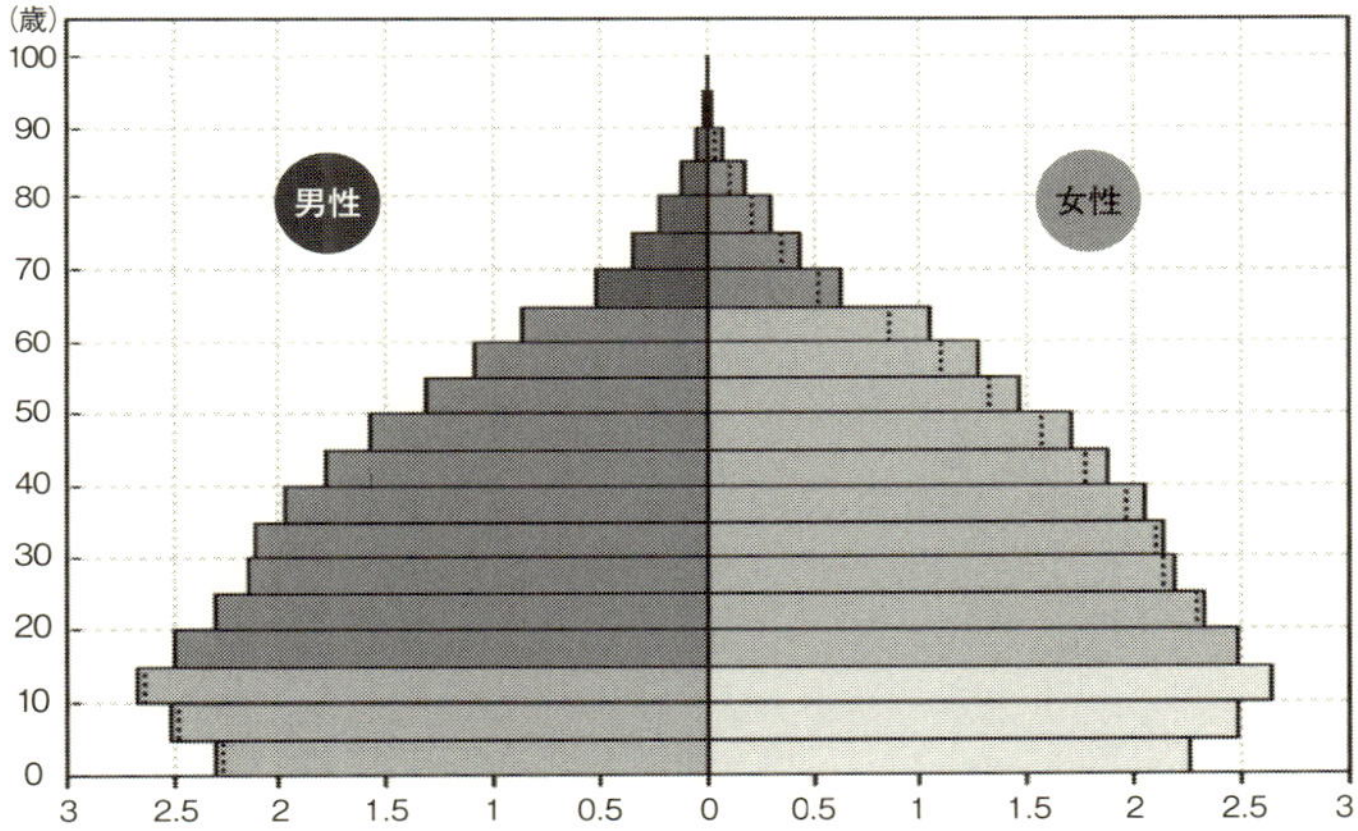

シンガポール

平成27年（2015年）

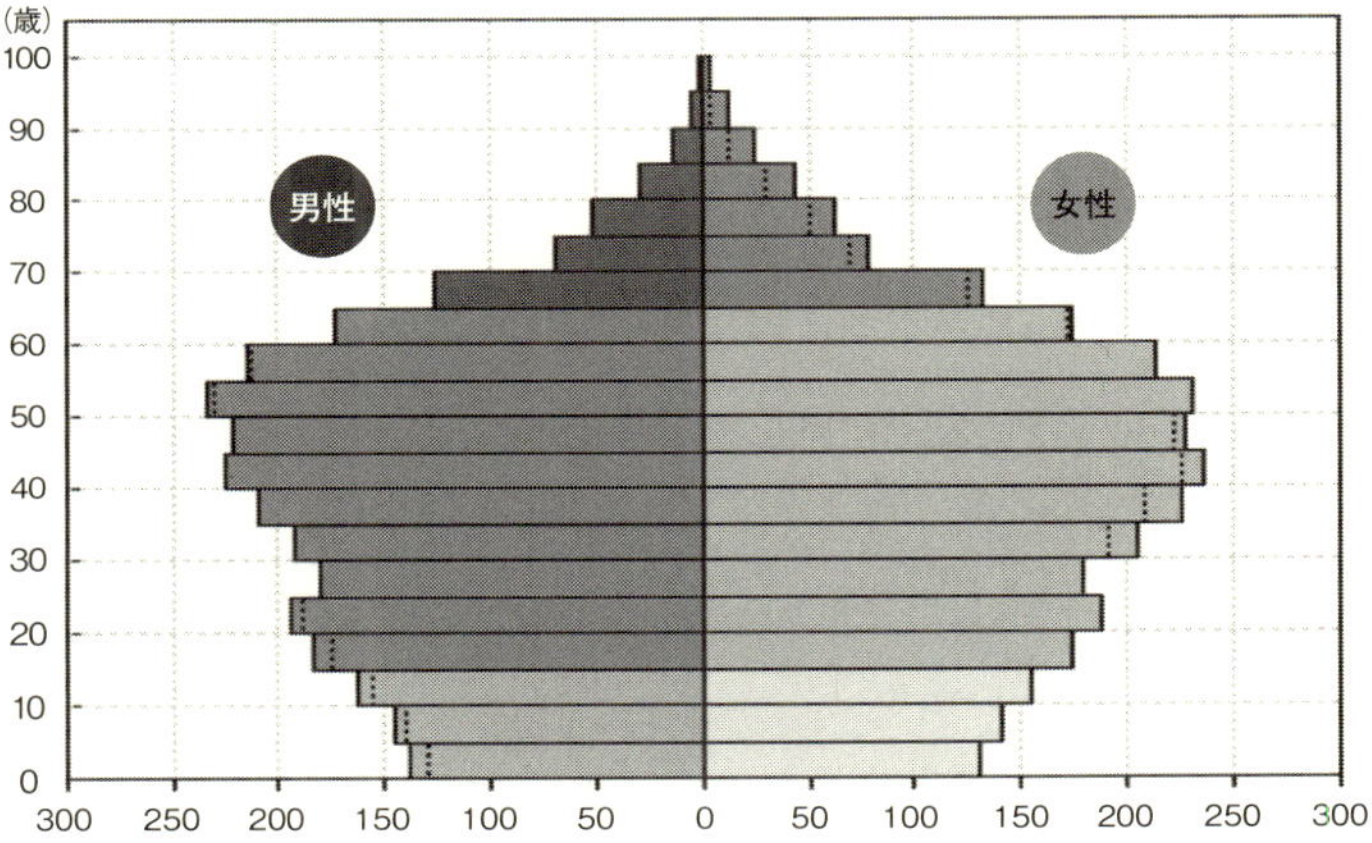

ベトナム

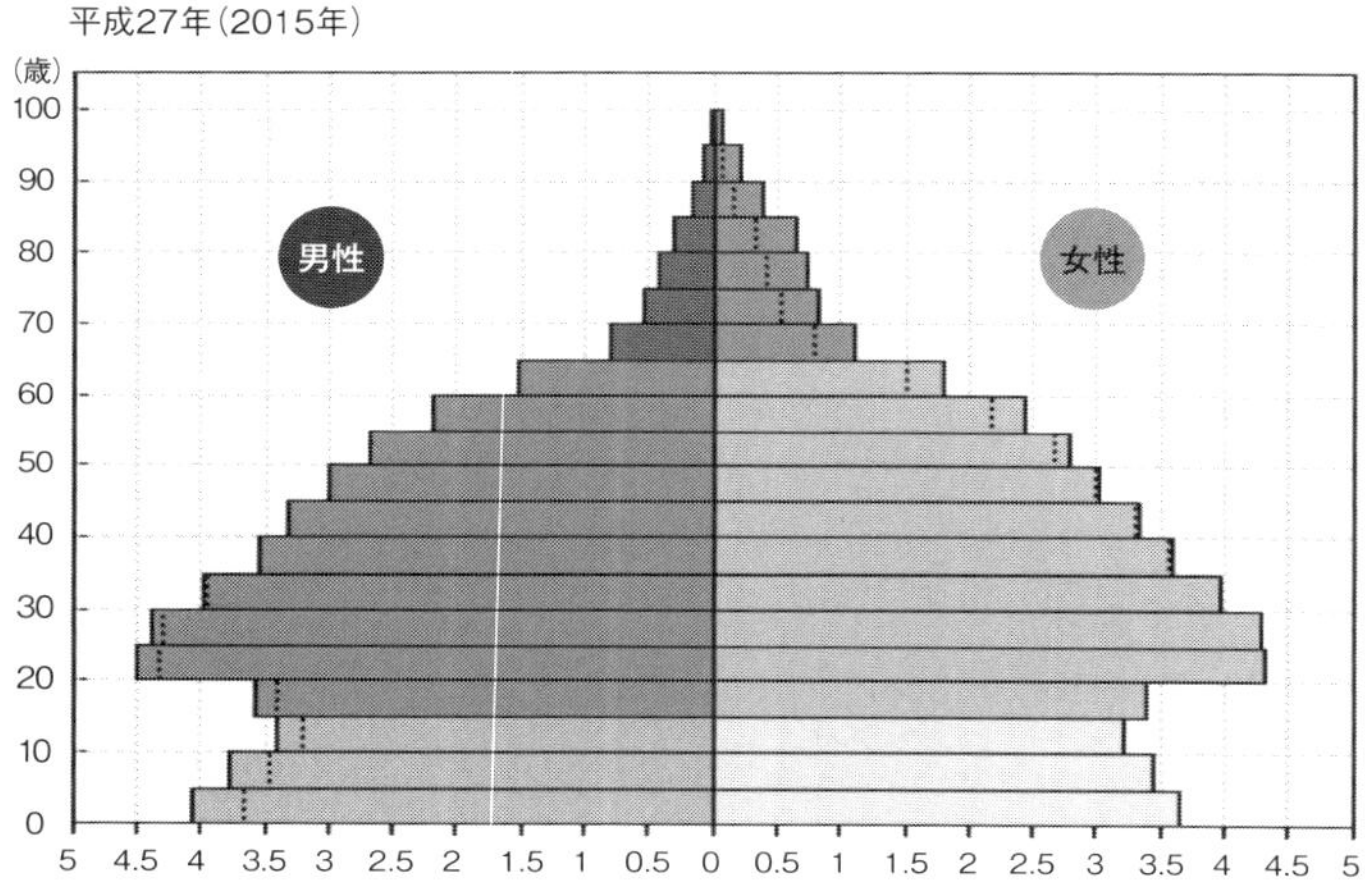
平成27年（2015年）
（歳）
男性
女性
100
90
80
70
60
50
40
30
20
10
0
5 4.5 4 3.5 3 2.5 2 1.5 1 0.5 0 0.5 1 1.5 2 2.5 3 3.5 4 4.5 5

ブルネイ

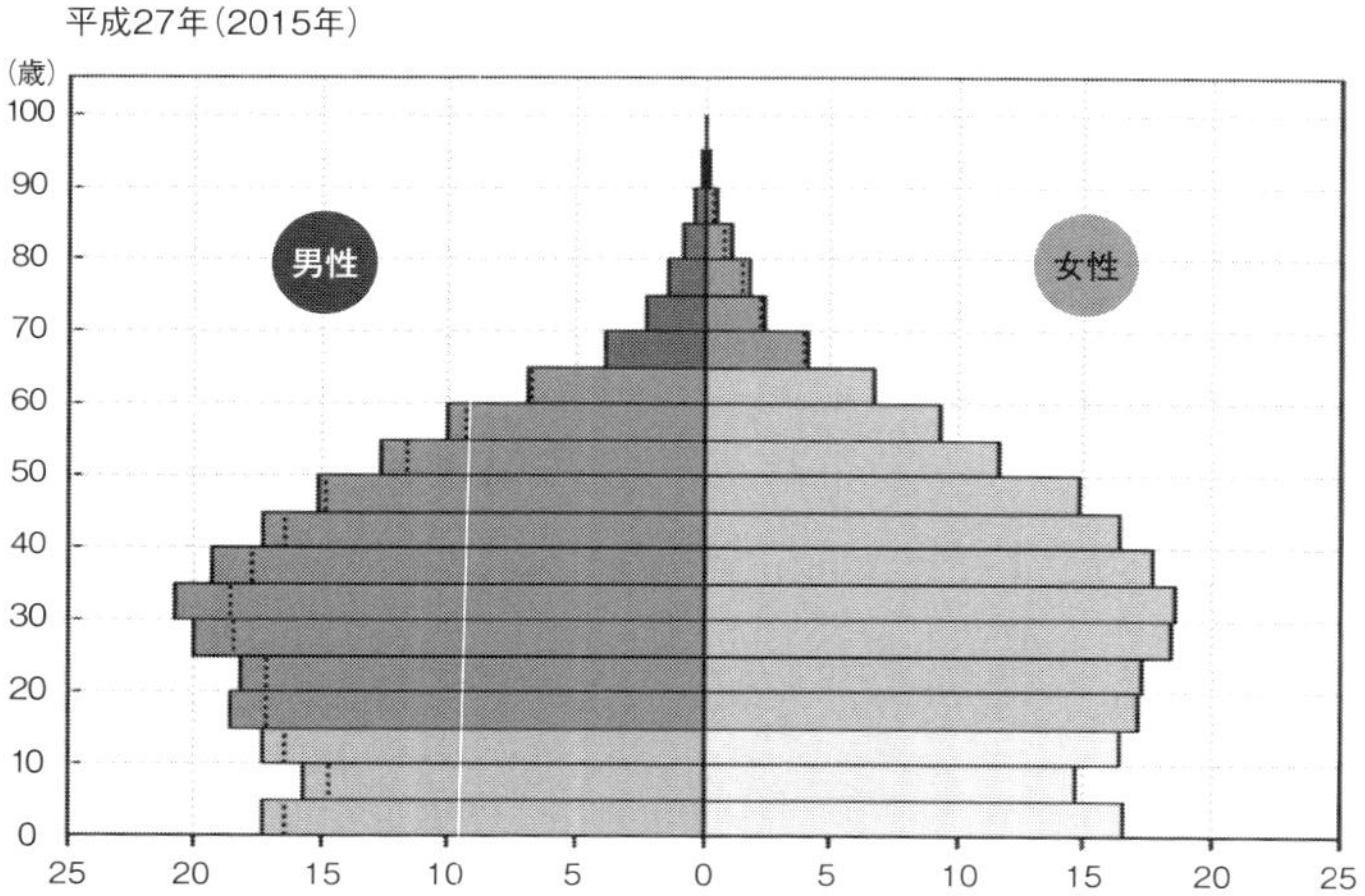
平成27年（2015年）
（歳）
男性
女性
100
90
80
70
60
50
40
30
20
10
0
25 20 15 10 5 0 5 10 15 20 25

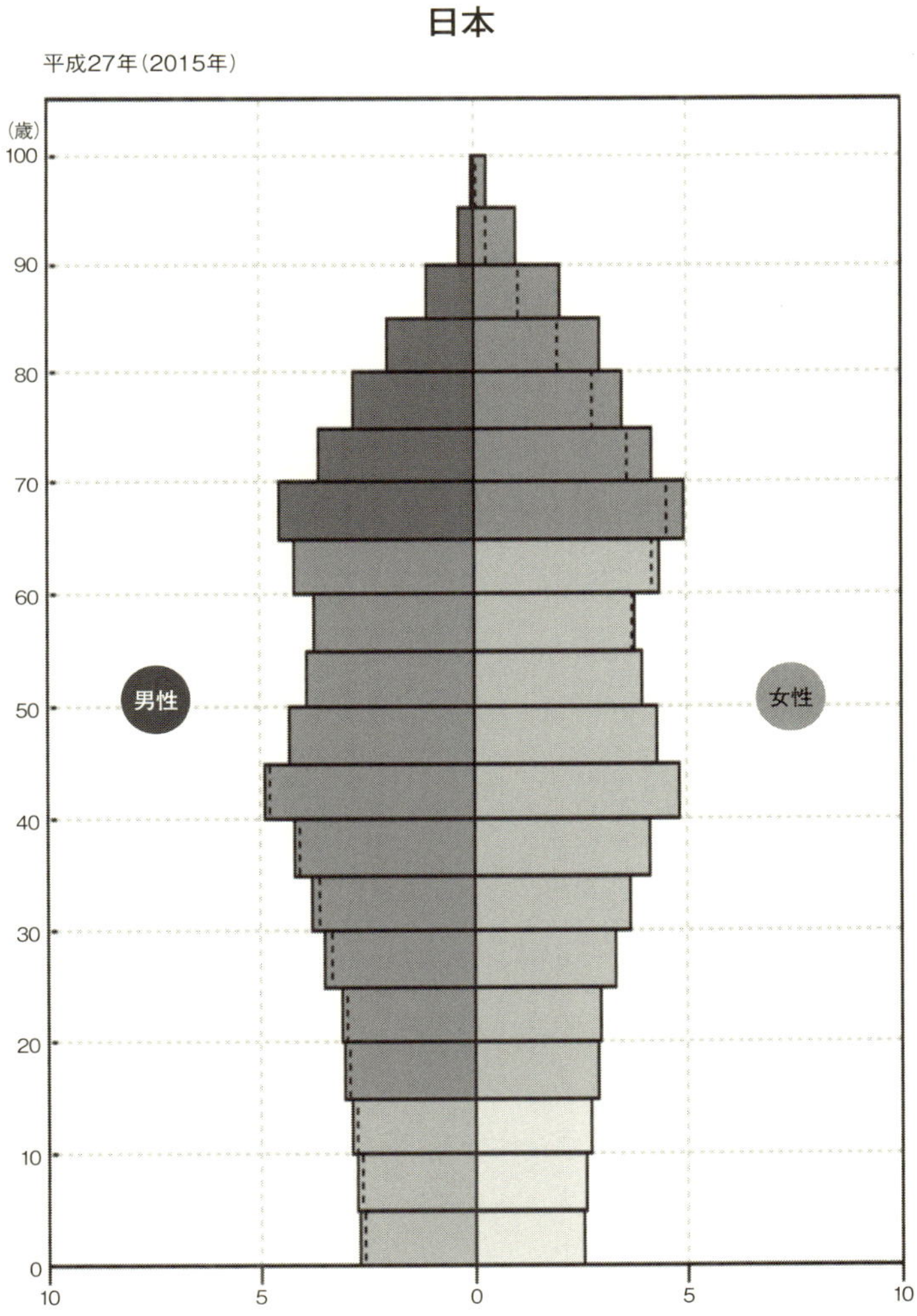

出典：United Nation,World Population Prospects,The 2015 Prospects.

アセアン六カ国の所得階層別比例の推移

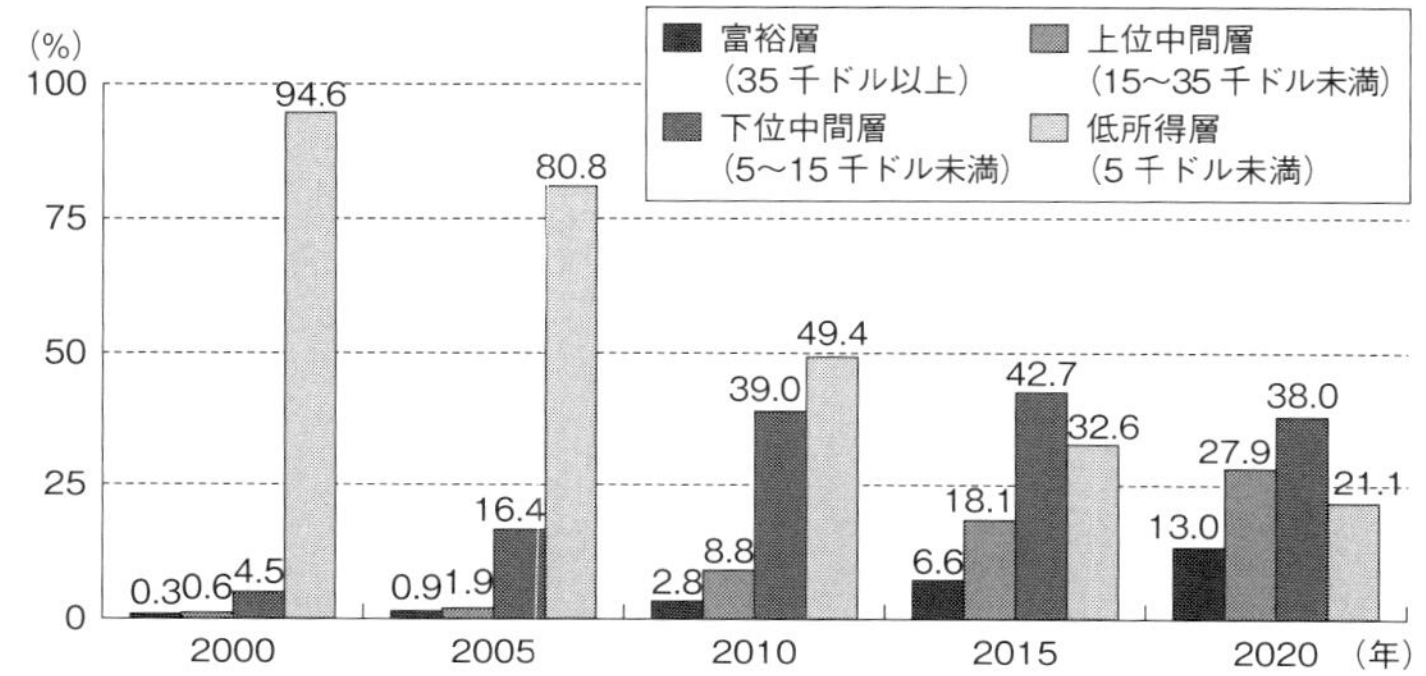

資料：Euromonitor International2011から作成。備考：世帯可処分所得別の家計人口。各所得層の家計比率×人口で算出。
2015年、2020年はeuromonitor推計。
出典：経済産業省「第三章我が国経済の新しい海外展開に向けて〜世界経済危機（の余波）と震災ショックを乗り越えるために〜」
http：//www.meti.go.jp/report/tsuhaku2011/2011honbun/html/i3110000.htmlより。
注：アセアン6カ国とは、シンガポール・タイ・インドネシア・マレーシア・フィリピン・ベトナムを指す。

増加する都市中間層

日本がそうであったように、この間アセアンではGDPの成長に比例して都市中間層が急速に膨張した。

ここでは、日本の経済産業省資料に依拠して、アセアン六カ国（シンガポール・タイ・インドネシア・マレーシア・フィリピン・ベトナム）の所得層の構成比を二〇〇〇年から〇五年、一〇年、一五年そして二〇年と五年刻みで、低所得層（世帯可処分所得年間五〇〇〇ドル以下）、下位中間層（同五〇〇〇ドル〜一万五〇〇〇ドル）、上位中間層（一万五〇〇〇ドル〜三万五〇〇〇ドル）、富裕層（三万五〇〇〇ドル以上）の四層に分け、これまでの歩みと今後の見通しを見てみることとしよう（右図参照）。

この予測によれば、二〇一〇年には約半分の四九・四％にまで減少し、二〇〇〇年に九四・六％を占めていた低所得者層は、二〇二〇年には二一・一％、つまり全体の四分の一以下に減るだろうというのである。

逆に富裕層は二〇〇〇年に〇・三％、つまり全体の一％に満たなかったのが、二〇一〇年には二・八％に、そして二〇二〇年には一三・〇％、ごくおおざっぱにいえば全体の一割以上を占めることとなると予測する。

これと関連して、下位中間層も二〇〇〇年の四・五％が二〇二〇年には三八・〇％に、上位中間層も〇・六％から二七・九％へとそれぞれ増加するだろうというのである。

むろん、アセアン六カ国全体で二〇一〇年から一五年の間に低所得者層が減る分、インドネシア、フィリピン、ベトナムでは下位中間層が増加し、同時期にタイやインドネシアでは、上位中間層が大きく成長するだろうと予想されている。また、二

日本の所得層別比率	2010年
富裕層（1000万円以上）	3.8%
上位中間層（500万～1000万円）	23.1%
下位中間層（300万～500万円）	32.4%
低所得層（300万円以下）	40.5%

出典：国税庁　平成22年（2010年）民間給与実態統計調査結果を基に作成。

〇一五年から二〇年にはインドネシアで上位中間層が七〇〇〇万人に達し、マレーシアでは上位中間層が二〇〇〇万人を超えるだろうと予想されているのである。

日本の場合には、アセアンで使用されている各階層の所得範囲がそのまま適応できないきらいがあるが、二〇一〇年基準で見た場合には、年収三〇〇万円以下の日本的な低所得者層は四〇・五％の高さに達し、逆に一〇〇〇万円以上の富裕層は三・八％を占めるにすぎず、上位中間層は二三・一％、下位中間層は三二・四％でほぼアセアンと同じ比率に近づいているのである。日本の場合、改めて中間層の低所得者層への転落比率の増大が見て取れるのである。

湧き上がる多様性

したがって、彼らが生み出す需要への欲求に歯止めはない。ジャカルタにいていつも思うのは、若者を主体にした旺盛な購買力、湧き上がるような内需の力強さである。そして、それを支えているのが大都市およびその周辺地域に住む富裕層や上、下位の中間層なのである。むろん、内需の強さという点では中国やインドでも共通のものを感ずるが、アセアンの方がはるかに洗練されていてレベルの高さを感ずると同時に、ダイバースティ（多様性）が濃厚ににじみ出ている。

日本、韓国、中国になくてアセアンにあるものは、欧米の植民地であったという歴史からくる欧米文化との融合性と、宗教や文化の多様性が作り出す独特の香りの強烈な発散パワーである。これに南国独特の解放感が加わるとその感が一層強くなる。

アセアン全体で六億に達するというこの膨大な人口の中・上層部がそうさせるのだろうが、インドネシアのジャカルタのモスクの横に立っても、タイのバンコクの仏教寺院の片隅にいても、ベトナムのホーチミン市の古い街路樹の木陰にたたずんでも、クアラルンプールの中華街の食堂の店先に立っても、いやビエンチャンの小さなパゴダの横の壊れかけた椅子に腰かけても、周りの人、人、人の渦から逃れることはできない。

しかし、多民族都市とはいえ、人々はあまりに多様過ぎる色彩と匂いと言葉をまき散らしながら躍動している。

それだけではない。こぎれいになった店先にはモノがあふれ、かつてのバザールの古着屋に代わって、ショッピング・モールが幅を利かせ始めている。南国の暑さを避けて涼みに来たひやかし客の喧騒に混ざって、富裕層とおぼしききらびやかな服をまとった老若男女がショッピングを楽しんでいる。

むろん、これはアセアンの一面だといえばそうかもしれない。子細に見れば、多様性の多くの部分は人口の多数を占める低所得者層が占めているからである。そういわれればゼロがやたらと多い紙幣に我々は悩まされるが、デノミをやれといった声は聞こえてこない。ということは、これは、このゼロを必要とする貧しい人々が圧倒的多数を占め、切り捨てることができないということの証左なのではないか。ここにも別の意味でのアセアンの所得層の多様性が存在しているのである。

シンガポールとバンコクの機能分化

近年のアセアンの多様性は、アセアン内での都市機能の分化にも表れている。一人当たりGDPの高さから判断すれば、アセアンの先頭に立つのがシンガポールであることを疑う者はおるまい。

たしかに、二〇〇七年から二〇一五年のAEC（ASEAN Economic Community=アセアン経済共同体）完成においてもっとも恩恵を享受したのは一人当たりのGDPの増分から見てもシンガポールということができよう。また、この国の優れた情報機能、物流機能、金融機能から判断して、ここに各国企業がアセアン地域の統括本部を置くのもけだし当然のことであろう。

しかし、二〇〇〇年代に入ってからアセアン地域の統括本部をバンコクへ移す企業が増え始めている。それは、自動車企業や自動車部品関連企業を中心にものづくりの開発センターをバンコクに設置する企業が増加してきているからである。

それと関連して、金融や物流の本部はシンガポールに、開発やものづくりセンターの本部はバンコクに機能を移転させているケースも増え始めているのである。いわば、アセアン内で本部機能の二分化が起こり始めている。

たとえば、アセアンの製造業を代表する自動車産業の場合だが、トヨタ自動車ではシンガポールにアセアン各国への部品供給とアジアでのマーケティング販売サポートを行う統括管理会社トヨタ・モーター・マネジメント・サービス・シンガポール（現・トヨタ・モーター・アジア・パシフィック株式会社）を一九九〇年に開設した。

しかし、その後二〇〇七年には、タイにトヨタ・モーター・アジア・パシフィック・エンジニアリング＆マニュファクチャリング株式会社を設立し、そこが、アジア地域におけるトヨタ車の開発及び生産の一体化を図り、オペレーションの強化を行う新しい拠点となった（トヨタ自動車ホームページ「海外の生産拠点　統括管理会社」による）。

また、自動車部品大手のデンソーは、シンガポールにアジア、オセアニア市場における財務、物流、販売業務を担う部門を設けつつも、タイを経理、調達、研究開発や生産を支

デンソーの選択と集中

●：集中生産　○：各国生産

			ASEAN+インド					
			タイ	インドネシア	マレーシア	フィリピン	ベトナム	インド
熱機器		HVAC	○	○	○	○		○
	A/C システム	エバポレーター	●					○
		コンデンサー	○		○			○
		コンプレッサー		●				
		ラジエーター	○	○	○			○
電気		オルタネーター、スターター	●					○
		EPS ECU			●			
電子		メーター				●		○
		エンジンECU			●			○
		リレー	●					
		2リレーフラッシャー	●					
パワートレイン		エアクリーナー	○	○		○		○
		オイルフィルター	●					
		フューエルポンプモジュール	●			○		○
		コモンレール	●					
		ガソリンインジェクター	●					○
		プラグ、コイル、O2センサー		●				
		ホーン		●				
		EGRバルブ					●	
		APM					●	
小型モーター		ワイパモーター		●				○
		アーム&ブレード			●			
		パワーウィンドウモーター		●				○
		EPSモーター		●				
		VNターボモーター		● 2014				

出典：DENSO INTERNATIONAL ASIA CO.,LTD社資料（デンソーアジアパシフィック 2014年2月28日）。

援する拠点として活用し始めている。アセアン本部の二分化は、今後一層進むものと予想される（デンソーホームページ「豪亜グループ会社詳細」(http://www.denso.co.jp/ja/aboutdenso/corporate/globalinfo/asia_oceania/details/)。

生産についてより詳しく見ていくと、右図からわかるように、同社にとってタイはパワートレイン、熱機器の主要生産拠点となり、インドネシアは小型モーターやコンプレッサの生産ハブとなっている。また、デンソーは、マレーシアで先端コンピューター技術を必要とするエンジンＥＣＵを、フィリピンでメーター類を、ベトナムではバルブ部品を集中して生産している。

このように、デンソーは「集中と選択」を加速し始めており、この動きは今後一層進むものと予想される。

上昇する最低賃金

アセアンでの工業化の進展のなかで、この地域の最低賃金が上昇を開始している。ここ数年中国での賃金上昇が激しく、低賃金を求めて中国奥地やアセアンのＣＬＭＶ（カンボジア・ラオス・ミャンマー・ベトナム）諸国に生産拠点を移転させているという。

しかし、実は、賃金の上昇でいうとアセアンも中国と大差なく、アセアン五カ国の作業員、エンジニア、マネージャーの賃金上昇は著しく、インドネシアとベトナム、とりわけインドネシアがベースアップ率二〇・九％（二〇一三年）とその上昇が顕著である。

それ以外でも、マレーシアとタイは中国、インドのそれらを上回っており、すでに高位水準にある。これからは、インドネシアとベトナムがマレーシアとタイを追いかけて賃金レベルを引き上げてくるに相違ない（ジェトロ『ジェトロセンサー』二〇一三年三月号より）。

アセアン各国・中国・インドの製造業賃金

それは、アセアン各国が競うように最低賃金を上げていくなかに、その証左を見て取ることができる。タイは二〇一一年八月にインラック前首相が就任すると、選挙公約であった最低賃金の引き上げに踏み切った。

具体的に見ていくと、二〇一二年四月に首都バンコクを含む、七都県の法定最低賃金を一日三〇〇バーツ（約九〇〇円）に統一し、残る七〇県も二〇一三年一月に一律三〇〇バーツに改定された。（「日本経済新聞」二〇一二年一一月五日、三菱東京ＵＦＪ銀行経済調

ASEAN主要国・中国・インドの製造業賃金（基本給・月額）・ベースアップ率

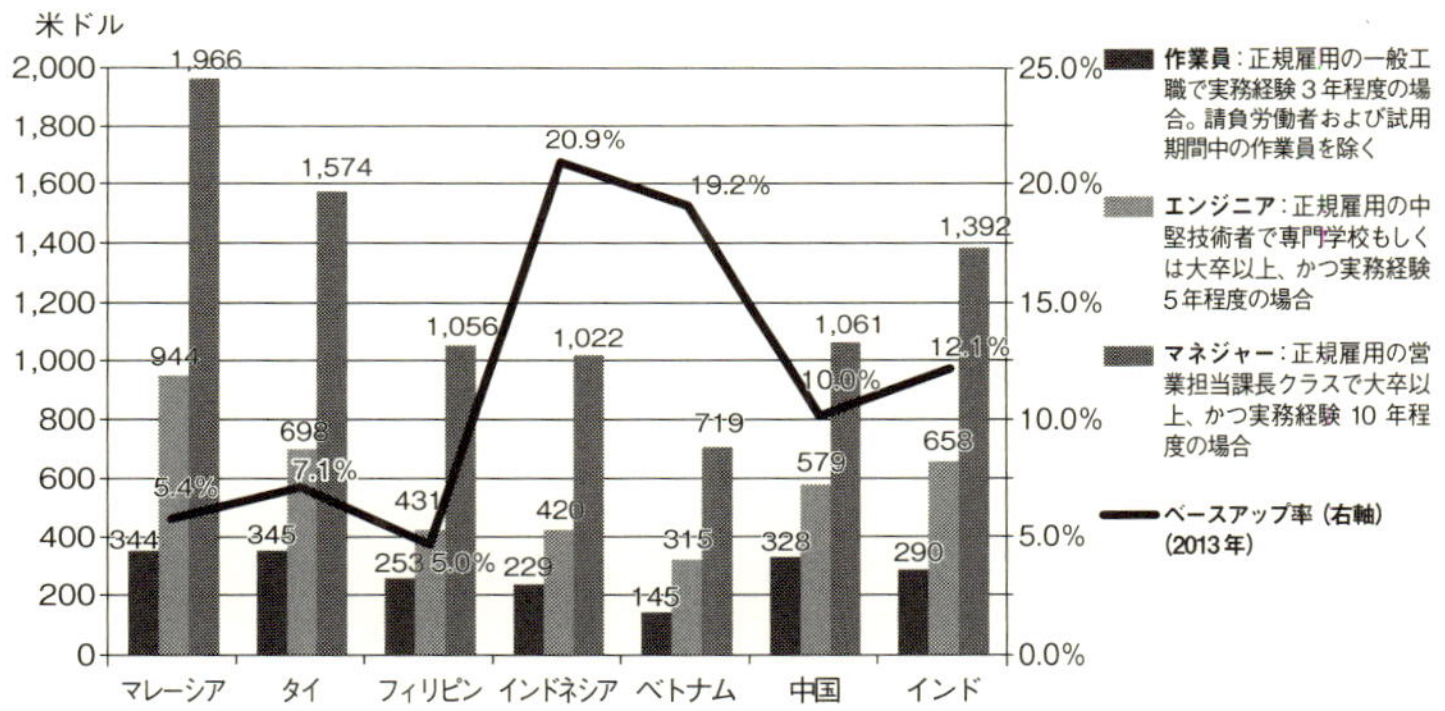

注：①カンボジア以外の国・地域については、回答は自国・地域通貨建て（ただし、ミャンマーは自国通貨建て、米ドル建ての選択式)。②各職種の自国・地域通貨建て賃金の平均値を 2012年10月平均為替レート（各国・地域中央銀行発表）で米ドルに換算。③ミャンマーは、回答企業によって通貨が異なる（自国通貨建てまたは米ドル建て）ため、自国通貨建ての企業の回答を米ドルに換算した上で平均をとった。

出所：ジェトロ「在アジア・オセアニア日系企業活動実態調査（2012年10月～11月実施)。

査室「タイの最低賃金の大幅引き上げの影響について「経済情報」－No.２０１３－15」二〇一三年五月一四日)。

また、インドネシアでも、日系企業が多く進出している首都ジャカルタや近郊の工業団地周辺、そして二〇一五年では、地方中核都市のメダンやスラバヤにおいても、賃金の引き上げを求める労働者によるデモが頻繁に発生している。

このような労働者からの要求を受け、ジャカルタ地方政府は、二〇一三年の公定最低賃金（月収）を二〇一一年比で三割、二〇一二年比では四割以上高い二二〇万ルピア（約一万八七〇〇円）に引き上げた。

また、工業団地の多い西ジャワ州カラ

インドネシア、フィリピン、タイ、ベトナムの最低賃金上昇率

国・地域	通貨	2010年	2011年	2012年	2013年	2014年	2015年
インドネシア（カラワン）	IDR/月	671,500	732,000	1,269,227	2,000,000	2,447,450	2,987,000
	上昇率	—	9.0%	89.0%	197.8%	264.0%	344.8%
フィリピン（マニラ首都圏）	PHP/月	404	426	426	456	466	466
	上昇率	—	5.4%	5.4%	12.9%	15.3%	15.3%
タイ（ラヨン）	THB/月	178	189	264	300	300	300
	上昇率	—	6.2%	48.3%	68.5%	68.5%	68.5%
ベトナム（第2地域）	VND	1,190,000	1,350,000	1,780,000	2,100,000	2,400,000	2,750,000
	上昇率	—	13.4%	49.6%	76.5%	101.7%	131.1%

出所：マークラインズ、2015年1月8日公表のデータを基に作成。

ワンで五八％、ブカシでも同じく五八％の大幅賃上げが生じ（同上紙二〇一二年一一月五日、同一一月二二日）、その後も上昇を続けた。

マレーシアでも、首都クアラルンプールのあるマレー半島では一カ月当たりの最低賃金が月額九〇〇リンギット（約二万四〇〇〇円）に引き上げられた。

そしてこれは、国内で働く三〇〇万人以上の外国人労働者にも適用されることとなった（「日本経済新聞」二〇一二年一一月二五日）。

ベトナムでは、ハノイ市やホーチミン市で最低賃金が二七〇万ドン（約一万円）に引き上げられたし、隣国のカンボジアでも、二〇一三年三月に労働者向け最低賃金が月額六一米ドル（約五八〇〇円）から八〇米ドルへと引き上げられた。同国のフンセン首相は二〇一四年まで

は最低賃金を上げないと公言していた。

しかし、一部の工場で賃上げを求めるストライキが発生し、結果的には再発を避けるためにも発言を撤回し、賃金の上昇に踏み切った。また、この背景には同年七月の総選挙をにらんだ思惑もあったと考えられる。

低賃金が魅力のカンボジアだが、人件費の急騰で企業側にはコスト負担が増えると予想される。ただし、引き上げ額は労働者側が要求していた一〇〇ドルには達していない（同上紙二〇一三年三月二二日）。

右図に見るように二〇一四年以降もインドネシア、フィリピン、タイ、ベトナムでの最低賃金は上昇し続けている。

このように人件費が高騰した結果、各企業は同一国内においても比較的賃金が安い地方都市や都市から離れた農村地帯への進出を選ばざるを得ない。それによって、交通アクセスや製品の新たな輸送手段の確保など、新たな課題に直面していくことが想定される。

各国政府は、賃金の上昇による企業の撤退や移転を望んでいない。したがって、引き続き自国において企業活動を行ってもらうためには、経済特区の新設や税制面でのインセンティブを設けるなどの工夫も必要となってくる。

アセアンのショッピング・モール

いまのアセアンの賃金上昇と消費需要の伸びを象徴するものが都市のショッピング・モールで、なんといってもまず目に付くのはファッションブランドである。「ルイ・ヴィトン」や「エルメス」といったブランド品の値段は日本のそれとさほどの差はない。いや、ものによってはアセアンの方が高いのではないか、とすら感じる。それは、そうしたものを購入する富裕層が文字通り一定の層で存在していることを意味する。

冷房の効いたショッピング・モールの中央は吹き通しとなっていて、各階はエスカレーターでつながる。トップは「ルイ・ヴィトン」、「カルティエ」、「エルメス」、「シャネル」から「エルベ」、「ダンヒル」、「グッチ」、「イブサンローラン」などブランド店が軒を並べる。「ユニクロ」もいい場所を占めて頑張っている。

マレーシアのクアラルンプール市内のショッピングセンター「パビリオン」内にある通称「東京ストリート」に行ってみる。日本食レストランや日本では一〇〇円ショップとしてなじみ深いダイソーなどの店舗が出店していてにぎわっている。

このところ、ショッピングを楽しむ婦人たちがはおるスカーフ（ジルバブ）もカラフルになったし、なかにはスパンコールがついたきらびやかなものを身に着ける夫人も増えてきている。化粧品店をのぞいてみても外国の高級製品も多いし、資生堂などの日本ブランドも一角を占めている。かつてはパサールと呼ばれる青空市場で安手の衣類や化粧品を買うのが一般的だったが、最近では高層ビルの冷房が効いたショッピング・モールが大都市を中心に広がり始めた。

次に、電気製品売り場をのぞいてみよう。テレビ、洗濯機、冷蔵庫といった家庭生活の三種の神器は、ここでも中国製、韓国製の製品が幅を利かせているが、ここにきて所得水準の上昇と関連して、高級な日本製品の売れ行きが増し始めているのだ。

クアラルンプール・ブキビンタンのショッピング・モールで。お洒落な有名アパレル店やカフェが並び、週末には家族連れや若者が訪れる。

パナソニック、東芝、シャープといった高級ブランドは依然、この地域では威力を発揮している。携帯電話となるとサムスンとソニーが別々の店舗を出していて、双方で張り合って営業している姿が目に付く。実力は互角かサムスンがやや有利といったところか。

お腹がすいたら食堂街を歩いてみよう。場所柄、圧倒的に多いのがイスラム料理店だが、中華料理屋、インド料理屋がないわけではない。しかし近年注目されて日本でも話題になっているのが「ハラル食品」である。

クアラルンプールのブキビンタンのインド料理屋に飛び込んだら、メニューに「うちの料理は『ハラル』認証を受けています」と書かれていた。「ハラル」とは「イスラム法で許されたもの」を意味し、したがって、「ハラル食品」とは「イスラム圏で食することが可能であるもの」をさす。

周知のように、イスラム教の下では豚の肉はもちろんのこと、その血が混ざることも厳禁だし、それで作られた酵素やたんぱく質の使用すら禁止されている。二〇〇〇年にインドネシアの味の素が、発酵菌を作る過程で豚の酵素を触媒で使用していたことが問題になり、発売禁止になったことは読者の記憶に新しいことと思う。

アセアンではインドネシアとマレーシアを中心に工業化が進展した結果、高所得のイスラム教徒が増加しており、「ハラル商品」市場が広がりを見せてきているのである。電通の最近の調査によれば、インドネシア、マレーシアに住むムスリム三二〇人にアンケートをしたところ、両国合わせて四割弱が「一年以内に日本に行きたい」と回答したが、「お祈りの場所の表示がない」「ハラルメニューを扱っているレストランが少ない」という不安を訴える人がそれぞれ約六割いたという（「日本経済新聞」二〇一四年七月二六日）。東南アジアの裕福なムスリムの日本観光希望者が増えてきている折から、彼等への対策は大きな問題となりつつある。

このようにショッピング・モールでの買い物は、アセアン各国に共通して増えている現象である。では、それぞれのショッピング・モールの特徴を見てみることにする。

カンボジアの首都のプノンペンに飛んでみよう。大使館や高級ホテル・マンションがそびえる市内中心部のショッピングセンター。ここには日本から進出した「イオンモール」がそびえる。全館冷房の四階建てのビル。ここに日本から進出した大手居酒屋チェーン「和民」や「銀だこ」等の飲食店、アパレル店、家電商店が店を構える。商品は豊富だが、なんといっても値段が高価だ。東京並の値段の婦人着や装飾品、さらには冷蔵庫、洗濯機、扇風機、クーラーが展示されている。

地元の客が出入りしているが、顧客を見ると、明らかにこちらの富裕層がメインである。支払いはドル。現地通貨では目が飛び出るほど高価なものでも、ドルとなるとたちまち世界標準の数字に落ち着く。

もっとも、子細に観察すると意外な変化に気が付く。確かにスマートフォン、液晶テレビは韓国のサムソン、LGが人気で、日本勢はやや影が薄いが、冷蔵庫や洗濯機といった白物家電では日系が低価格商品を投入、巻き返しを図っている姿が目に付く。しかし、販売店員の話によれば、サムスンやＬＧの韓国ブランドに対する信頼も高く、超富裕層を除いて韓国メーカーの製品に人気が集まっている。

続いてマニラ。マニラの街といえば、このところ急速に変わりつつある。マニラでまず最初に降り立つマニラ・ニノイアキノ国際空港。この空港は、ターミナル施設の混み具合や使い勝手の悪さから世界のビジネスマン、旅行者から長年、悪評を受けてきた。

しかし、近年ではターミナルの増設工事が行われ、その数も一から四ターミナルまで増えた。特に、二〇〇八年にオープンし、フィリピン最大手のＬＣＣのセブパシフィック航空や一部の海外航空会社が使用するターミナル３の前には、大型カジノ、映画館やホテルが建設されており、もはや空港の域を超えている。また、空港から市内へのアクセスも、第３ターミナルから直接高速道路に乗ることができるようになり、他のターミナルでも高速道路との接続工事が行われている。

マニラの街で特徴的なのは、ショッピング・モール、オフィスやホテルなどが集まる複合施設型エリアが多数存在し、それらの運営主体は、フィリピンの大手財閥による民間開発が主流であることである。特に有名なエリアがマカティであるが、最近では、最先端の複合施設がマニラ中心部から少し離れたフォートボニファシオなどの新都市に出現している。

マニラ中心部、マカティにあるショッピング・モールのなかには、欧米の有名ブランドや若者に人気のファストファッションブランド店が軒を連ねている。ここでも家電製品は圧倒的に韓国製品である。日本製品の影が薄いどころか、影そのものがない。

また、お洒落なカフェやレストランもあり、大きなステーキをサービスする西洋料理店、すしやラーメンなどを日本と変わらない値段で提供する日本食店から高級フィリピン料理店まであり、飲食店のジャンルも幅広い。このような環境にいると、マニラにいることを忘れてしまう。

このように、フィリピンにおける消費文化は、アメリカのそれと非常に似ていると感じられる。フィリピンは、アメリカの植民地下にあったことから、アメリカ的な経済消費文化がアセアンのなかで最も浸透している。

また、マニラの特徴として、フィリピンから海外労働者として欧米諸国や中東諸国に出稼ぎに行く人も多く、いち早く他国の文化を取り入れ、それに慣れる国民性があることがあろう。

続いてブルネイ。アセアンのなかで比較的馴染みが薄いのがブルネイである。今回バンコク経由ロイヤルブルネイ航空でこの国に入ったが、他の航空会社とはいささか異なっていた。出発前には安全飛行を願うコーランが機上のビデオで流され、離陸後に昼の食事が出されたが、アルコール飲料は一切出されなかった。

出発から二時間半、海上に広がる複数の天然ガス田を眼下に見ながらブルネイ国際空港に到着した。人、人、人の波でごった返すアセアンの他の多くの空港とは異なり、ここは静かで日本の地方空港といった感じである。タクシーで空港から整備された道路を一路首都バンダルスリブガワンの中心地へ向かう。一〇分ほどで中心街に着く。

バンダルスルブガワンはブルネイの首都だが、他のアセアンのそれらと比較すると、規模が小さく、そしてゆったりとした時間が流れているように感じる。中心部には、政府機関、金融機関と並んで前ブルネイ国王が建設した大きなモスクや、ボルキア現国王が国民に提供したとされるショッピング・モールがある。

だが、この国では飲酒、酒類の販売、飲酒を助長する行為は禁止されているから飲食街などは存在しない。左党の長期滞在者にはきつい国かもしれない。しかし、ブルネイの一人当たりのGDPは、その豊かな天然ガス輸出（実にブルネイ輸出の九七％を占める）によって四万ドルを超え、僅差で日本を抜いた。行き届いた社会保障、外国人労働者に多くを依存する経済システムなどは、すべてこの天然ガス輸出がもたらす外貨収入に依存している。

モスクへ礼拝に来た人達の車。ブルネイでも韓国車が人気である。

街を走る車に目を転ずると、その新車販売台数は約一万九〇〇〇台程度（二〇一三年）（ASEAN AUTOMOTIVE FEDERATION STATISTICS 2007~2013）で、メーカーを見ると、トヨタのシェアがトップで、他にホンダ、日産、ダイハツといった日系メーカーが高い比率を示している。

しかし、近年では韓国の現代・起亜車が増加する傾向にあり、街を車で走っていると起亜のSUV「ソレント」や現代の「サンタフェ」、マレーシアのプロトン、プロドゥア車を目にすることが多かった。また、中国の吉利や長城や、インドのタタ社の新車ディーラー拠点も開設されていた。

ついでに足を延ばしてショッピング・

モールに出かけて家電製品を見てみる。そこで見かけた白物家電は、サムソンやLG、フィリップスが人気で、日本勢の存在感は薄く、かろうじて、液晶テレビ、冷蔵庫、洗濯機の売り場で日本メーカーのロゴを確認したに過ぎない。

スマートフォンに関しては、サムスン、アップル、そして中国のHUAWEI（華為）の圧勝で、日本製品の影はない。仏アルカテル製スマートフォンなどの高機能、高価格帯商品も販売されていた。

買いたいブランド製品は何か？

では、アセアンの若者たちはどんな製品を買いたいと考えているのか。ここに「日本経済新聞社」が二〇一三年七月下旬から八月下旬にかけてタイ、インドネシア、フィリピン、ベトナム、インド、中国の一八歳から四九歳までの各国百人を対象とした世界主要一七五ブランドに対する購買意欲調査がある。

ここに主要製品の第一位の企業名を挙げておいた（左図参照）。スマホ・携帯やタブレット・コンピューターではアメリカのアップルが圧倒的強さを誇っていた。このほか、スポーツ用品ではアメリカのナイキ、ヘアケア製品ではこれまたアメリカのヘッド&ショル

アジア6カ国の主要製品・サービス別の「買いたい」ブランド首位

製品・サービス分野	ブランド	
スマホ・携帯	米・アップル	
スポーツ用品	米・ナイキ*	
タブレット・パソコン	米・アップル	
デジタルカメラ	日・キヤノン	
テレビ	韓・サムスン	
ヘアケア製品	米・ヘッド&ショルダー*	
小売り	米・ウォルマート*	
アパレル	スペイン・ZARA	
化粧品	仏・ロレアル 仏・シャネル	
自動車	タイ	独・BMW
	中国	独・アウディ
	インド	独・アウディ
	ベトナム	独・アウディ、BMW
	インドネシア	日・ホンダ
	フィリピン	独・BMW

出典:「日本経済新聞」 2014年11月5日、2013年9月6日。
注) *印は2013年のデータ。

所有している・欲しいブランド

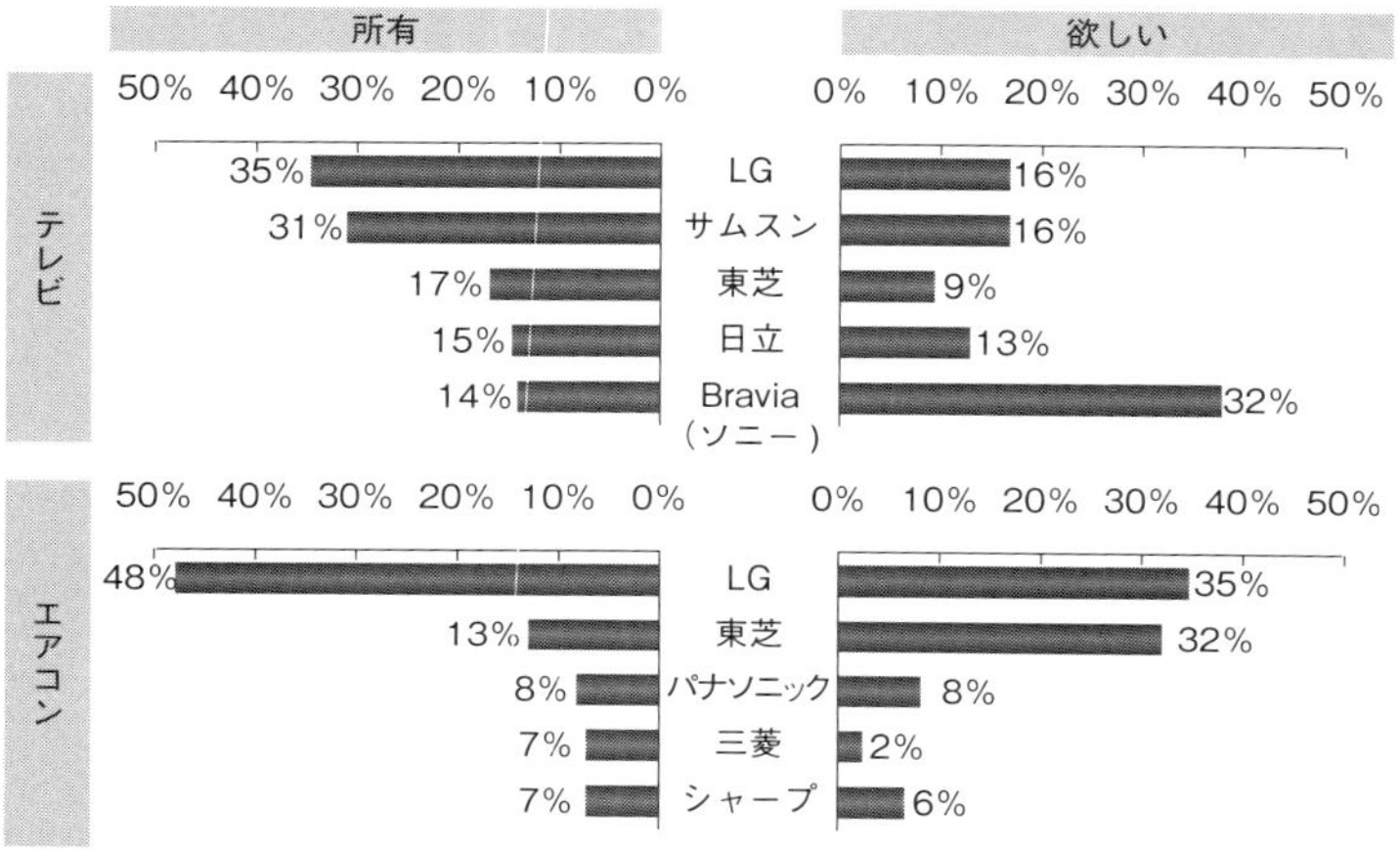

出所：現地調査。
出典：三菱UFJリサーチ＆コンサルティング「転機迎えたインドネシア市場攻略法都市で違う消費意識、韓国勢の猛追も」2012年7月10日。

ダー（P&G）、小売りでもアメリカのウォルマートといった具合に、アメリカブランド製品が圧倒的人気を誇っていた。

また、アパレルではスペインのZARAが、化粧品ではフランスのロレアルとシャネルがそれぞれ圧倒的人気を誇り、日本はデジタルカメラでキヤノンの名前が出てくるに過ぎない。

車でも状況は似たり寄ったりで、インドネシアではホンダが首位を占めたが、中国やインドではドイツのアウディが首位であった。

ともかく、タイやインドネシアでも超富裕層には欧米メーカーの高級車が人気で、高級ショッピングセンターや高級ホテルのロビー前には、メルセデス、ＢＭＷ、アウディ、ポルシェの車が堂々と駐車場に横付けされていた。

インドネシアで行われた別の調査で、テレビ、エアコンに関し、所有しているもの、欲しいものでアンケート調査した結果を見ると、両商品ともに所有では韓国のＬＧ（それぞれ、三五％、四八％）が首位を誇り、欲しいものでは、テレビはソニー（三二％）が欲しいブランド第一位にあるものの、エアコンではＬＧ（三五％）が欲しいブランド首位で、日系の東芝（三二％）は第二位に留まっている。つまり、韓国製品がインドネシアをはじめ、アセアンで強みを持っていることがわかる。

アセアンのバイク売り場で

少し庶民の目線に降りてみよう。アセアンではバイクが幅を利かせている。アセアンでの庶民の足はバイクである。アセアンにバイクはお似合いである。値段だけでなく、あのアセアンの熱帯気候にバイクの風切音とそのさわやかさは最適である。

台湾では、バイクなしには女性とデートができないと話した若者がいたが、これは間違いなく亜熱帯、熱帯地域に適した、自動車と異なる範疇に入る独特の味を持った交通運輸

タタ社の「ナノ」。エンジンは後部座席の下にある。

手段の一つである。

二〇〇八年にインドの老舗自動車メーカーのタタ社のラタン会長が、オートバイに代わる超廉価の「十万ルピー」の四輪車「ナノ」を売り出したとき、バイク利用者が「ナノ」に乗り換えたかといえば、さにあらず。「ナノ」は、期待を裏切って低迷を続け、タタ社の経営の足を引っ張る結果となった。さらに二〇一四年一月には、経営の再建に懸命だったタタ社のカール・スリム社長が、出張先のバンコクでホテル高層階から転落死しているのである。

いずれにせよ、二輪車に代わる代替物を見つけるのはさほど簡単ではない。むろん、これがロシアだったら、冬には間違えれば凍え死ぬので、万難を排しても四輪車に乗り換えるであろう。

ベトナムのハノイで著者は夕方、道を隔てた目の前の食堂に行きたいと思ったが、バイクの切れ目のない洪水の流れにさえぎられて道を渡ることができず、ついにあきらめて別の店で食事をした苦い思い出がある。

インドネシアでは昼間車で移動をしているとき、交差点の前で周りをバイクに囲まれ、小人に囲まれ縛られて身動きができなくなった『ガリバー旅行記』の小人の国の主人公のような、えも言われぬ恐怖感を味わった経験がある。バンコクでも家族六人が一台のバイクに相乗りしている姿を見て、事故でもあれば一家全滅を連想したこともある。ここでは、バイクで牛を運ぶと聞いて肝をつぶしたこともある。

東南アジアではモータリゼーションはまずもってバイクから始まる。二〇一二年統計を見ても、バイク生産大国は中国が二五〇〇万台でダントツ一位、二位はインドで二三〇〇万台、三位はインドネシアで一〇〇〇万台、四位がベトナムで三一〇万台、五位がタイで二六〇万台である。なんと、トップ五位のなかにアセアンのインドネシア、ベトナム、タイの三カ国が入っているのである。

加茂紀子子《かもきねこ》「アジアの二輪車産業と市場の動向」によれば、一人当たりGDPが一〇〇〇ドルを超えると二輪車需要が増加するといわれる。三〇〇〇ドルを超えると四輪車需要

（2000～2012年、2011～2012年は予測、単位：台）

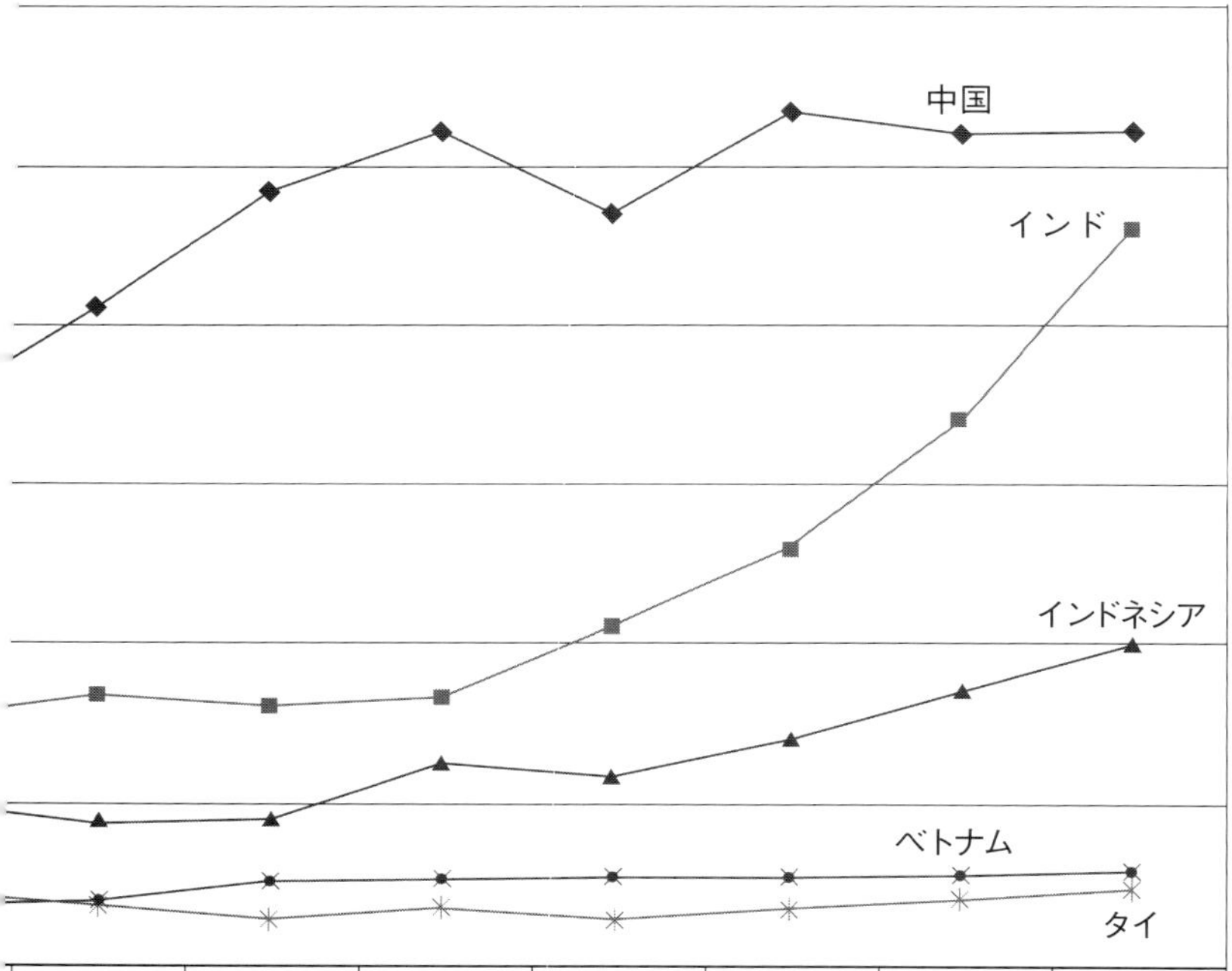

2006年	2007年	2008年	2009年	2010年	2011年	2012年
20,544,848	24,232,624	25,994,749	23,592,594	26,694,300	26,000,000	26,000,000
8,436,212	8,009,292	8,359,613	10,510,331	13,000,000	17,000,000	23,000,000
4,458,888	4,722,521	6,264,265	5884,021	7,000,000	8,500,000	10,000,000
2,146,600	2,729,200	2,880,200	2,824,000	2,900,000	3,000,000	3,100,000
2,079,555	1,652,773	1,923,651	1,635,249	2,026,401	2,300,000	2,600,000

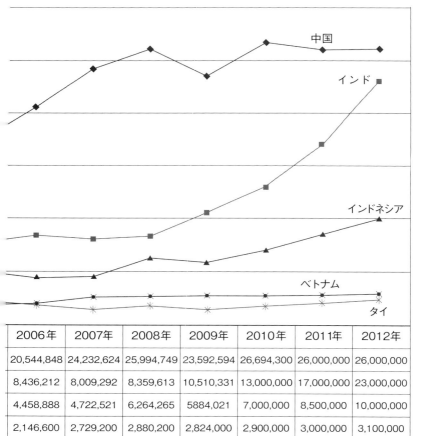

アジア5カ国（中国、インド、インドネシア、ベトナム、タイ）、二輪車生産数推移

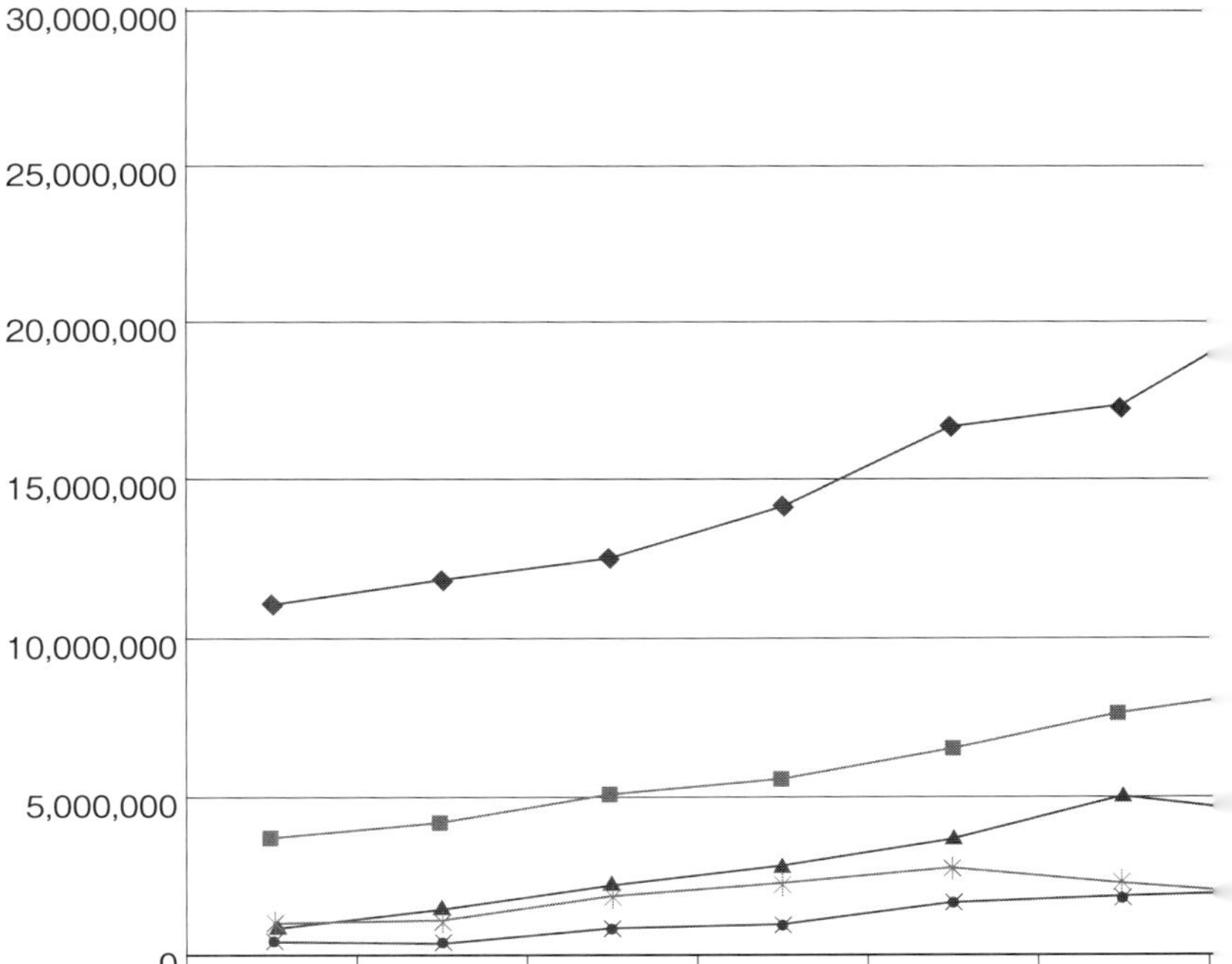

	2000年	2001年	2002年	2003年	2004年	2005年
中国	11,083,068	11,913,619	12,382,888	14,158,301	16,609,275	17,236,856
インド	3,758,163	4,271,327	5,076,221	5,622,741	6,529,829	7,600,801
インドネシア	982,380	1,644,133	2,318,241	2,814,054	3,897,250	5,113,487
ベトナム	463,400	610,300	1,051,600	1,180,400	1,828,400	1,982,100
タイ	1,125,723	1,209,995	1,961,809	2,378,491	2,887,295	2,358,510

出典：NNA.ASIA　ホームページ「アジア5カ国プラス台湾二輪車産業概況」(news.nna.jp/free/nna_book/pdf/110509_thb.pdf)より。

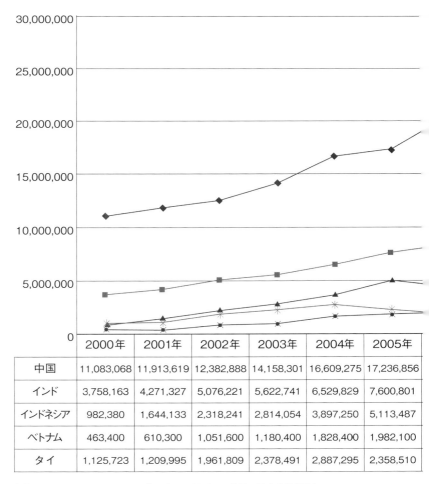

2012年、ハノイ市内のバイク通勤ラッシュ。

が増加するといわれるが、その意味では、タイに代表されるアセアンの先発中堅組は四輪車需要の真っただなかだし、CLMV(カンボジア、ラオス、ミャンマー、ベトナム)と称されるアセアン後発組の各国は、二輪車需要の高揚期を迎えていることとなる。

バイク売り場もピンからキリまであり、専売店が圧倒的だが、ショッピング・モール内の特設ブースなどでも様々なブランドのバイクを目にすることができる。購入手続きは簡素化されていて、短期間にローンを組んで購入できるようになっている(日本自動車工業会『JAMAGAZINE』(ウェブ版)「アジアの二輪車産業と市場の動向」(加茂紀子子)、二〇〇一年三月)。

もっとも、アセアンでの二輪車市場は、東

アジアのバイクメーカーによる価格・性能争いが激しさを増している。世界の二輪車市場を見てみると、二〇〇九年時点で日本メーカーのシェアは三七％に過ぎず、残りの六三％は中国やインドなどの海外メーカーが握っていた。

一方で、アセアン市場に限れば、地域全体での日本メーカーのシェアは約九〇％と圧倒的な比率で、残りの一〇％を中国、台湾、韓国のメーカーが占めている（渡辺一雅、有田賢太郎「Mizuho Industry Focus Vol.97 日系企業に求められる新興国戦略の方向性～日系二輪車業界の新興国戦略を踏まえて～」みずほコーポレート銀行産業調査部２０１１年）。

ホンダのアセアンでの歩み

このなかで、アセアンでシェアトップのホンダは、一九七六年にタイで現地生産を開始し、一九七〇年代にかけてインドネシア、フィリピンでも次々と工場を開設した。それから二〇年余り経た一九九七年、同社はアセアンでも超バイク天国であるベトナムで現地生産を開始した。ちなみに、ベトナムでは「ホンダ」という固有名詞がバイクを意味しているといわれるほど、ホンダの知名度は高い。

しかし、ホンダがアセアンで歩んできたバイク市場も決して平坦な道ではなかった。一

ホンダの人気バイク「Wave α」(ホンダホームページ　プレスインフォメーション (2002年1月19日)。

つは、アセアン市場では道路、環境、使用条件が日本と異なり、早急な現地開発が求められたのである。

そこで、ホンダはアセアンの消費者が好むデザインや仕用を徹底的に研究し、一九九八年からタイで本格的な現地開発を開始したのである。

加えて二つ目として、ホンダのバイクを模倣した安価な中国製バイクの存在である。一九九〇年代後半になると、主にベトナムで中国からホンダのネームバリューを用いた偽物バイクが多数出現した。

値段は「本物」のホンダ製バイクより圧倒的に安く、一気に中国製のバイクが市場を席巻した。しかし、これらの中国製模倣バイクの品質は劣悪で、常に故障が絶えなかった。

そこで、ホンダはピンチをチャンスと捉え、二〇〇二年にベトナム市場向けに低価格（一〇九九万ドン、約七三二ドル）バイクの「Waveα」を投入し、再びホンダ製バイクの巻き返しを図った。

なお、Waveシリーズは、低価格モデルとしてタイやフィリピンにも投入され、人気を博している（植田浩史「オートバイ産業」（大野健一・川端望編『ベトナムの工業化戦略』日本評論社二〇〇三年」、新宅純二郎「新興国市場開拓に向けた日本企業の課題と戦略」『国際調査室報』二〇〇九年八月第二号、天野倫文、新宅純二郎「ホンダ二輪車のASEAN戦略～低価格モデルの投入と製品戦略の革新～」東京大学ものづくり経営研究センター二〇一〇年）。

ホンダ以外では、ヤマハがタイ、ベトナム、インドネシアに、スズキはこれらの国々に加え、ラオスとカンボジアで現地生産を行っている。ヤマハやスズキは、低価格モデルの生産をベトナムで行い、タイを中価格から高価格モデルの生産中心地として位置づける戦略をとっている。

アセアンの自動車売り場で〈タイ、インドネシア、マレーシア〉

少し所得レベルを上げて四輪車のモータリゼーションとなると、CLMVといったアセアン後発組の国々ではこれからだが、タイやインドネシアといったアセアン中堅グループでは、いまその盛りの時期を迎えている。

他方、アセアン経済成長先発組はとうにモータリゼーションの時期を過ぎてしまったが、シンガポールでは、高額輸入税を課している関係で、所得水準に比例した車の普及台数には至っていないし、ブルネイでは高所得ながら人口が四二万人なので台数的にはその数は知れている。マレーシアは政府が進める国民車構想と絡んで、高い車の普及率をすでに達成している。したがって、いま、最も脚光を浴びているアセアン内の自動車販売大国はタイとインドネシアである。

タイのディーラーに立ち寄る。バンコクの中心街のディーラー店。車が約一〇台ほど置かれていて、奥に受付台がある。日本とほとんど変わらぬ販売店の間取りである。そして修理、サービス・センターを兼ねた事業所では効率的な作業が行われている。環境車であるトヨタのレクサスもこの販売店が扱っている。

バンコク市内高速道路わきの大型宣伝ボード。中国「上海汽車」がアジアに本格進出し、同社が買収した「MG」ブランド車を大々的に宣伝している。

もっとも、二〇一四年七月にバンコクに立ち寄ってディーラー店をのぞいたときには、土曜の昼間だったにもかかわらず市内のホンダ、トヨタのディーラー店内に新車を見に訪れる客は見えなかった。

タイは、新車購入優遇政策が終了し、二〇一四年になって政治的混乱が続いたことから、新車需要が急激に減少した。土曜日であるのに、日系ブランドのディーラー店が閑散としていることは、これまでにはなかったことである。

逆に、タイの第二エコカー認定プログラムに参加する「ＭＧ」の宣伝がやたらと目に付いた。タイの財閥ＣＰ（チャロン・ポカパン）グループが上海汽車と合弁で自動車産業に乗り出したが、ここでは、上海汽車が買収したイギリスの「ローバー」の車種をタイに持ち込んで販売しようと計画しているのである。高速道路わきにあるMGブランドの大型宣伝はその象徴である。

インドネシアの販売店。インドネシアを走る九割以上の車が日本車である。インドネシアは大家族が多く、国内で生産される小型や中型のMPV車が人気である。また、高級車の分類においては日本から輸入したトヨタや日産の高級MPV車が人気で、独メルセデスやBMWのセダンと肩を並べる存在である。

ここでは、当地で人気が高い小型MPV車ダイハツ「セニア」が展示されていた。同車は七人乗りで、排気量は一〇〇〇ccから一五〇〇cc。

ちなみに、同車はトヨタとの共同開発車で、トヨタブランドでは「アバンザ」としてインドネシアから他の東南アジア諸国や中東、南アフリカにも輸出されている。

また、東南アジア等の道路事情を考慮し車高は高めに設定され、小型車であっても後部座席用に後ろにエアコンが装備されている。

ジャカルタのホンダ販売店。他社同様、販売店内は照明が暗い。この照明の暗さはインドネシアに限らず、他の東南アジア諸国でも共通である。

ここでのメインの展示車は、ホンダのLCGC（Low Cost Green Car 低価格環境車）の「ブリオ」。当初はタイからの輸入だったが、需要増加とLCGCに適応させるべく、インドネシア国内生産に切り替えた。「ブリオ」はホンダの東南アジアやインドなどの新興国向け低価格モデルである。ＬＣＧＣ適合モデルとして、ほかに日本勢は日産が「ダットサン」ブランドの「Ｇｏ」とＭＰＶ「Ｇｏ＋」を、スズキが「カリムン・ワゴンＲ」を販売している。

プロドゥア「Myvi」。マレーシアでは、小型車が女性にも人気である。

マレーシアでは、クアラルンプールのとある展示場をのぞく。プロトン・サガシリーズが展示されている。しかし、ダイハツが主導するプロドゥア社の小型車「マイヴィ」の人気のほうが高い。プロトン・サガについては、パワーステアリングのオイル漏れやプラスチック部品の組み合わせが悪かったり、品質面での苦情を多く聞く。

その点、プロドゥア社の「マ

クアラルンプール中心部の渋滞。道路上を走るのが高架鉄道「LRT」。道路分離帯にある橋脚には、中国のHUAWEI製スマートフォンが大々的に宣伝されている。

イヴィ」ではそうした声は入ってこない。「マイヴィ」は、日本で販売されているトヨタ「パッソ」、ダイハツの「ブーン」がベースとなっている。市場で押され気味のプロトン社は、創設者のマハティール元首相を会長に新規巻き直しを狙うが、果たしてうまくいくかどうか。何しろ、マハティールは当年九〇歳で、事実上引退している人物だからである。

アセアンの自動車売り場で〈フィリピン、ベトナム、ラオス、カンボジア、ミャンマー〉

以下、大急ぎでほかのアセアン各国のディーラーを見て回ろう。次いでフィリピン。かつては、フィリピンは「車が売れない国」であったが、二〇一三年以降新車販売が好調で

三菱、トヨタ、スバルがそろうマニラの目抜き通りでの一コマ。

ある。二〇一四年上半期の販売台数は、前年同期比で二四%も増加し、今後も好調な新車販売が期待できる。二〇一三年現在のデータでは、フィリピンでは、シェア一位、二位のトヨタ（三六%）と三菱（二一%）が国内市場シェアの過半数を握っている。

一方で、韓国の現代がシェア三位（一一%）に浮上し、韓国からFTAを利用し、競争力のある価格でフィリピン市場に参入している（ジェトロ「二〇一三年主要国の自動車生産・販売動向」二〇一四年）。路上を走行する車も三菱、トヨタ、現代が目立つ。当面激戦が続きそうだし、現代は二〇二〇年までに首位を取ると宣言し、強烈な追い上げを見せ、攻勢をかけている。

続いてベトナムだが、トヨタのディーラー

と起亜のCKD生産や輸入を取り扱うチュオンハイのディーラーが市場を大きく二分している。近年、後者がやや優勢という感じがぬぐえない。販売台数の推移を見ていくと、二〇一三年まで一〇万台を下まわっていた。

しかし、二〇一四年に入り税制の変更と景気の上昇にともない増加に転じ、二〇一四年に一三万台まで増加した。

ベトナムの隣国のラオスとカンボジアだが、まずラオスを見ておこう。ラオスの首都ビエンチャン。ラオスにおける韓国勢の活躍ぶりには驚きである。新車販売では、現代と起亜が最大のシェアを有しており、韓国勢が圧倒的存在感を持つ。特に韓国人がオーナーでラオスで手広く事業を行うコーラオ（KOLAO）の活動が目立つ。

コーラオは、これまで現代や起亜の中古車を扱っていたが、いまでは新車の輸入を一手に行っている。さらに自動車ローンも手広く行い、自動車教習所も経営し、韓国自動車販売の最前線で大活躍である。

コーラオ本社内には、日系重工機メーカーも入居しているが、本国韓国の現代、サムスン、そしてKOTRA（大韓貿易投資振興公社）、中国のHUAWEIがオフィスを構えている。同本社の一階と二階には現代と起亜の大型ショールームが併設されている。

続いてカンボジアのプノンペンの自動車販売店をのぞいてみよう。ショールームにいる

ラオスの首都ビエンチャンにあるコーラオ本社。

カンボジアの自動車販売店。クメール語の下には漢字記載があり、カンボジア華人が経営していると思われる。

顧客は少なく、カンボジア新車市場の本格的な幕開けは数年先だと思われる。

カンボジアの自動車販売も中古車が大多数を占めている。特に、アメリカ製日本車の中古車が人気である。

しかし、昨今では新車市場も拡大傾向にあり、日系、韓国系、欧米系メーカーが正規販売店を続々と開設している。

他方、カンボジア富裕層が好む「超高級車」は、カンボジア華人貿易商が営む個人販売店で販売されている。多くの販売モデルは中古車同様、アメリカからの輸入で、トヨタ、メルセデス、ＢＭＷやアウディなどのモデルが販売されていた。

61ページ下の写真はロールスロイスを販売する自動車販売店。ちなみに、カンボジアではレクサスが大変人気である。「丈夫」「信頼性が高い」「高品質」「日本製」といった言葉をカンボジアでは耳にした。

最後がミャンマーである。現在、ミャンマーは日本からの中古車が九〇％以上を占めるが、新車市場も伸びつつある。新車市場にいち早く進出したのが韓国の起亜と現代、欧米メーカーではフォード、シボレーやメルセデスベンツ、商用車部門ではダイムラーである。

一方、日系自動車メーカーは中古車整備拠点を中心にした販売店をようやく新車販売拠点を兼ね備えた店舗に改装している段階であった（二〇一四年一月時点）。トヨタは豊田

雨期、ジャカルタ市内の主要道路は冠水する。オートバイ、乗用車ともに水を切って走ることとなる。

通商を通じて新車を販売し、三菱、マツダ、日産が販売店を設立した（ロイター「米フォード、ミャンマーにディーラー開設　日本勢に対抗」、二〇一三年四月三〇日）。

ミャンマーでも、日本車の新車販売動向は韓国、欧米勢に後れをとっている。ミャンマーに積極的に進出した韓国の起亜の販売店は、地場ディストリビューターのスーパーセブンスターズ社によって運営されている。

交通渋滞とインフラの未整備

このように、成長著しいアセアン地域だが、その成長を止めかねない阻害要因がインフラの未整備に象徴される産業基盤の脆弱性である。急激な車の増加に道路インフラの整備が追い付かないというのが実情なのだろうが、それにしても、アセアン各国いずれをとっても交通事情の悪さは共通である。

58ページの写真に見るようにこうした交通渋滞の流れの悪さを当て込んでか、中央分離帯に大きな横断幕を下げて企業宣伝をするスマホメーカー（華為）が現れるし、道路沿いに企業の宣伝看板が乱立する。また、企業の操業の際にも組み付け部品がいつ着くかわからないとあっては、在庫量を最低にしてコストダウンを図るなどという戦略をとることはできず、安全在庫を目いっぱい持つ必要が出てくるのは必定である。

さらにインドネシアでは、雨期になるとジャカルタ市内の主要道路はしばしば洪水に見舞われる。車やバイクは水響きをあげ、水をかき分けて進むが、移動にかかる時間は通常の二倍から三倍にも上がる。

経済効率の劣悪さが、経済成長に与えるマイナス効果は計り知れない。これを回避するには、バイパスを作るほかないのだが、それが遅々として進行しない。

インドネシアでは、ジャカルタの外港としてタンジュンプリオク港があるが、これが満杯状況なのと、そこへのアクセスが悪いので、交通渋滞は激しい。これを解決するためタンジュンプリオク港の東側に新港を建設する計画はあるのだが、これまた遅々として進まず、誰に聞いてもいつ完成するのか予測はつかない。

第2章

アセアン共同体

共同体の歩みと将来展望

これまで、力強く成長を続けるアセアン市場の現状を紹介したが、では、今後も引き続き成長を持続するのだろうか。それとも、その勢いは鈍化してまた元の姿に回帰してしまうのだろうか。

戦後に独立と絡む領土問題や外交上の調整などの必要性から、東南アジア五カ国（タイ、マレーシア、シンガポール、インドネシア、フィリピン）が結束して協議、調整していくためにアセアン（ＡＳＥＡＮ 東南アジア諸国連合）が結成されたのは一九六七年のことだった。以降、二〇一六年までの半世紀近くの間、大きく分けて三つの時期を経過してアセアンは発展を遂げてきた。

ここでは、その戦後アセアン発展の歩みを跡付けると同時に、そのなかでのＥＲＩＡ（Economic Research Institute for ASEAN and East Asia）の活動と今後のアセアンの将来像を予測することとしよう。

アセアン成立以前の東南アジア

アセアン共同体の歩みをよりよく理解するために、我々は過去のアセアンの歴史を跡付けておく必要があろう。というのは、そもそもアセアン共同体というのは、戦前の植民地支配からの独立の過程という面も持っていたからである。

かつて、大英帝国はマレー半島のゴムと錫を軸に、タイ、仏印、蘭印を包み込んだ「東南アジア域内交易圏」を形成していた。大英帝国の国際貿易の多角的決済体系の一環として、一九〇〇年代から二〇年がかりで形成されたこの経済圏は、ゴムと錫と米の物流の組合せをもって特徴づけられていた。

まず、ゴムは英領マラヤが生産と物流の中心で、さらにタイや蘭印（旧オランダ領東インド）、サラワク、北ボルネオから同地に輸入されたゴムを加え、それらをアメリカとイギリス、フランス、日本、カナダに輸出していた。

錫もゴムとほぼ同じ動きを示していた。英領マラヤでの生産に加えて、蘭印、タイ、ビルマ（現ミャンマー）から同地に集められた錫は、アメリカを中心にカナダ、ヨーロッパ、日本、インドへと輸出された。

この英領マラヤを中心としたゴム・錫の生産国に、コメを輸出していたのがタイであった。同じ産米国でもビルマは主にインドとセイロンに、仏印はフランスと香港、仏領アフリカに米を供給しており、タイが東南アジアの穀庫としての役割を担った。

以上の動きを「東南アジア域内交易圏」のかなめの位置にあった英領マラヤで見た場合、その主要輸出品のトップはゴムで、金額ベースで総輸出額の四二・四%を占め、そのうちの五五・六%がアメリカに輸出された（一九二九―三九年の平均）。錫も同時期に英領マラヤの総輸出額の一九・六%を占め、その大半はアメリカ向けであった。

次に輸入を見た場合、英領マラヤの輸入品のトップはゴムで、総輸入額の一二・〇%を占め、そのうち六三・七%は蘭印から、一四・二%はタイからの輸入であった。第二位はガソリンで蘭印より供給され、そして第三位は米で、その大半はタイからの輸入であった（南洋協会編『南方圏貿易統計表』日本評論社、一九四三年）。

東北アジア経済圏

英領植民地を中心に蘭印とタイを包括したこの「東南アジア域内交易圏」の形成とほぼ同じ一九〇〇年から一九二〇年ころまでに、日本の植民地支配が東北アジアの中枢国へと拡大していった。日本は台湾領有（一八九五年）、関東州、満鉄付属地租借、南樺太領有（一九〇五年）、朝鮮併合（一九一〇年）、青島（一九一五年。ただし一九二二年に中国に返還）、ミクロネシア（一九二二年に委任統治領）領有を経て「東北アジア経済圏」と称すべき一つの経済圏を形成し始めていた。

この経済圏は、前述した「東南アジア域内交易圏」と比較すると、各地域の各物資が日本と単線でつながっており、そのぶん単純な構造になっていた。朝鮮からは米、台湾からは米と砂糖といった食料が日本に移入され、関東州と満鉄付属地からは大豆や大豆かすなどの農産物、農産物加工品、鉄鉱石や石炭などの工業原料、銑鉄などの工業製品が移入された。樺太からは材木とパルプが、南洋群島と称されたミクロネシアからは海産物、リン鉱石、砂糖などが移入された。

そして、繊維や雑貨を中心とした軽工業製品が日本から植民地へ移出された。たしかに関東州、「満州」と朝鮮、台湾との間で交易は行われていたが、対日移出入量と比較すると、その量は多いものではなかった。

両交易圏に共通する点は、いずれも植民地は工業原料を本国や欧米先進国に供給する見返りに、本国や欧米先進国で生産した工業製品の市場となったことである。ただ、先の「東南アジア域内交易圏」のように、大英帝国の国際貿易の多角的決済体系の一環として、資源を相互に交流させながら域内ネットワークを作り上げるようなシステムは、「東北アジア交易圏」のなかでは希薄であった。

第一次世界大戦以降、日本からの綿製品輸出が増加するなかで、日本からの工業製品輸出、東南アジアからの原料品輸入という形でその結びつきは強まり、名和統一のいう日米間の生糸＝綿花貿易（第一環節）、日英間の綿布＝重工業原料貿易（第二環節）、日・満支貿易（第三環節）からなる「貿易の三環節構造」の第二環節を形づくっていった（名和統一『日本紡績業と原棉問題研究』大同書院、一九三七年）。

いずれにせよ、「東北アジア交易圏」と「東南アジア域内交易圏」は、その成立期から貿易を中心に相互に交流を持っていたのである。

一九三〇―四五年の植民地体制

両交易圏の交流から、日本が「東南アジア域内交易圏」を武力的統合する動きに転じたのは一九三〇年代中期以降のことであり、それが積極化したのは三〇年代末以降であった。統合の契機となったのは、両交易圏間の貿易摩擦というよりは、むしろ、日中戦争の泥沼化、アメリカの対日禁輸措置の拡大、ヨーロッパ情勢の進展のなかでの石油、錫、ゴムなどの戦略物資の獲得要求の高まりだった。

一九三一年の「満洲事変」から日中戦争への戦火の拡大は、「東北アジア交易圏」内への中国占領地の武力的包み込みを内容としていたが、この過程は「東南アジア域内交易圏」の貿易を握る華人の反発を生み、日貨排斥運動を東南アジア各地に勃発させた。もっとも、この運動は、地域によっては日本商人の流通ネットワークの拡張による日本商品取扱量の拡大を生む結果となった面もあった。

日本は、一九三八年には近衛文麿内閣の下で「東亜新秩序」声明を、一九四〇年には「大東亜共栄圏」を打ち出して、この両経済圏を統合していった。しかし、「東南アジア域内交易圏」で欧米に代わる工業力を持たない日本は、この経済圏を内部で維持するだけの力がなく、また、英米の軍事的反撃を前に一九四五年八月には敗戦を迎え、「大東亜共栄圏」は崩壊することとなる。

脱植民地化—独立・冷戦・経済圏の再編

一九四五年以降、この地域は二つの勢力圏でそれぞれ異なる道を歩む。一つは大日本帝国が崩壊した後、植民地から独立もしくは離脱した韓国、北朝鮮と台湾である。これらのうち韓国、台湾では比較的早い時期から親米色の強い政権が作られ、中国革命（一九四九年）、朝鮮戦争（一九五〇―五三年）を経て、米ソ対立の深化のなかで、本格的にアメリカの経済・軍事援助を基底にその影響下に組み込まれていった地域である。

では、「東南アジア域内交易圏」はどうであったのか。「大東亜共栄圏」の形成過程で、一度は破壊されたものの、戦後のイギリスの経済復興と合わせて貿易面での絆を強めて復活した地域で、「再版・東南アジア域内交易圏」とでも称される地域であった。戦前と同様、英領マラヤのゴムと錫がアメリカに輸出され、イギリスに貴重な外貨をもたらす「ドル箱」となったのである。

したがって、この地域は、当初はイギリス主導で戦前の枠組みを保持する形で各国の独立が許容され、そこから外れる動きは厳しく規制された。一九五〇年代にこの地域で最も大きな問題となったのは、冷戦の深化と中国革命や朝鮮戦争の影響に加えて、一九四五年から継続していたベトナムでの抗仏独立運動であった。

アジア各地の独立運動は、一九四七年のインド・パキスタン分離独立、四八年のマラヤ連邦の誕生、四九年のインドネシア独立と続き、新興国家群は国民国家形成の道を歩むこととなる。誕生まもない東南アジア各国は、領土紛争問題や独立をめぐる紛争を抱えながら出発することを余儀なくされた。

本書の冒頭で紹介したアセアンの歩みは、こうした過程のなかから生まれてきたものである。出発当初の脱植民地化過程での独立と絡む領土問題や外交上の調整などの必要性から、東南アジア五カ国（タイ、マレーシア、シンガポール、インドネシア、フィリピン）が結束して協議、調整していくためにアセアン（ASEAN 東南アジア諸国連合）が結成されたのは一九六七年のことだった。

以降、二〇一六年までの半世紀近くの間、大きく分けて三つの時期を経過してアセアンは発展を遂げてきた。

アセアン形成期

一九六〇年代後半、東南アジアをめぐる政治状況は大変緊張したものであり、一触即発といっても過言ではない状況が続いていた。アセアン原加盟国というべきタイ、マレーシア、シンガポール、インドネシア、フィリピンは、それぞれの国の間で深刻な国際問題を抱えていた。

アセアン成立前に東南アジア連合（ASA：Association of Southeast Asia。一九六一年成立。マラヤ連邦、フィリピン、タイの反共同盟）、マフィリンド（Maphilindo。一九六三年成立。マラヤ連邦、フィリピン、インドネシア。マレーシア問題に関する信頼醸成プロセスのための場。インドネシア主導）という地域組織ができたが、目的も理念も異なっており、基本的には、各国の良識ある行動を宣言し、協力し合うものであり、結局、加盟国同士の紛争で機能しなくなった。

たとえば、一九六三年のマレーシア連邦の成立に際して、マレーシア政府はインドネシア、フィリピン政府と国交を断絶している。その背景には、北ボルネオのイギリス保護領ブルネイにおける反乱鎮圧に関するインドネシア—マレーシア間の政治問題、同じく北ボルネオのサバ領をめぐるフィリピン—マレーシア間の領有権紛争の問題などが複雑に絡み合っていたからである。

インドネシアとイギリス・マレーシアとの対立は アセアン成立直前の一九六六年まで続いていた。また、タイとの間でもタイ南部マレーシア国境近辺におけるマレー系住民による独立運動の問題も大きな波乱要因であった。

このように、一九六七年に設立された当初のアセアンの主たる任務は、お互いが戦争状態に入らないこと、アセアンの中核メンバーであるインドネシア、フィリピン、シンガポール、マレーシア、タイが戦闘を交えないために、相互信頼関係を醸成し、内政不干渉で話し合いを続けられるようにするためであった（山影進『ＡＳＥＡＮ シンボルからシステムへ』)。

つまり、お互いに受け入れ可能で、協力可能なアジェンダ(経済協力、社会進展、文化発展)について常時話し合う場を設定したのである。アセアン発足以降約一〇年にわたり首脳会議は開かれなかったが、外相会談による対話が続けられてきた所以である。

しかしながら、一九七三年の第四次中東戦争を契機に発生した石油危機は、そのような信頼醸成を超えた機能をアセアンに求めることになった。

エネルギー、食料などの危機が迫るなか、インドネシアのスハルト大統領の強いイニシアチブにより、一九七六年に第一回アセアン首脳会議が開かれ、バリ・コンコード(「アセアン協和宣言」)が出された。来るべき世界経済の変化に対応すべく、アセアン外相会議に並ぶものとしてアセアン経済大臣会合が設立され、それとの関連でアセアン事務局が創設された。

しかしながら、せっかく創設されたアセアン経済大臣会合も南北問題に巻き込まれ、「集団的輸入代替重化学工業化戦略」(石川幸一・清水一史・助川成也編著『ASEAN経済共同体と日本』文眞堂、二〇一三年)導入の失敗により、めぼしい成果を挙げることはなく、その後、約一〇年間首脳会議が開催されることもなかった。

つまり、アセアンはその成立後二〇年ほどは、信頼醸成以上の具体的な成果を挙げるには至らなかった。いまでもアセアンウェイという言葉が持つややネガティブなニュアンスは、この時代を引きずっていると考えられる。

政策転換期

アセアンの発展を俯瞰するときに特徴的なことは、アセアンは常に世界経済の変革に際して、いやおうなくその変革を決断し、実行してきたという点である。「集団的輸入代替重化学工業化戦略」をより適切な戦略に変更する必要はあったが、それを現実のものにしたのは、中国の勃興と世界経済のフレームの変更であった。

中国は、鄧小平の登場により、文化大革命のもたらした経済停滞を克服し、積極的に改革開放を進め、香港の返還を合意し、「先富論」（鄧小平の「豊かになれる者から先に豊かになり、他の者はそれに続け」という政策）により、外資を積極的に長江デルタなどの沿海部に導入した。

ちょうどそのころ日本企業は、一九七〇―八〇年代の激しい対米通商摩擦を経て、世界経済のフレームワークの変更ともいうべき、一九八五年のプラザ合意による円レートの急激な引き上げに直面、いやおうなしに本格的海外進出に向かわざるを得なくなっていた。

それらの情勢を背景にして、一九八七年の第三回アセアン首脳会議が一〇年ぶりに開催されたが、同会議は、積極的に外貨を活用するという「集団的外資依存輸出志向型工業化戦略」を決定し、従来の方針を一八〇度転換した。

農業国主体のアセアン各国が工業化していくプロセスのなかで、日本の製造業は、その後世界に例を見ない、もっとも高度な生産工程間分業（セカンド・アンバンドリング）型生産ネットワークをアセアンで構築するうえで大変重要な役割を果たした。

モノを創ることの意味、創造性、美しさを初めてこの地に伝えたのは日本の製造業企業であり、日本国政府、産業界も一丸となってアセアンに対して工業化政策支援、産業高度化のための技術支援などを行った。

世界は大きく「ブロック形成」へと動いていた。一九八九年にＡＰＥＣができ、九〇年代に入ってＮＡＦＴＡ、ＥＵが現実のものになっていった。

また、中国は天安門事件による挫折を乗り越えて、「社会主義市場経済」を憲法に明記し、三三％の為替引き下げを断行するなど、外資誘致においてアセアンの強力なライバルとして浮上してきた。

このような流れのなかで、一九九二年にアセアンは第四回首脳会議を開催し、ついにアセアン経済共同体（ＡＥＣ）形成への第一歩を踏み出すことになった。それは、一九九三年から二〇〇八年までの一五年間で域内関税を〇～五％までに引き上げるAFTA（アセアン自由貿易圏）を形成することであり、この間にアセアン加盟国は、一〇カ国に拡大していた。

そして一九九〇年代前半に、アセアンは世界銀行から「東アジアの奇跡」と呼ばれるような高度成長を実現した。

そうした流れに大きなショックを与えたのが、一九九七年のアジア通貨危機であった。日本企業が日本式の製造方式を伝播して、アセアンはこれから一層発展すると考えられていた矢先に、製造業の中心国と目されていたタイを狙い撃ちにするかのように、ヘッジファンドによるタイバーツへの攻撃が起こった。

通貨危機が起こり、ある意味ではアセアンは、それまでの成果を一朝にして失うに近い状況になった。ＩＭＦによる厳しい緊縮政策が求められ、欧米では通貨危機の原因として縁故者が国家運営と関連、癒着して富を独占する体制である「クローニー・キャピタリズム論」が主張された。

アジア通貨危機発生から半年後の一九九七年一二月に、クアラルンプールで非公式アセアン首脳会議が開催され、「ASEAN Vision 2020」が採択された。アジア通貨危機直後のアセアンは、予想しなかった大きな困難に直面していることを正確に認識しつつも、首脳レベルでの強い決意を持って、従来から推進している域内自由化、域内市場統合を推進していくことを確認したのであった。

逆に、アジア通貨危機は、域内自由化、域内市場統合を進め、アセアン統合を達成しようとするアセアンの強い決意を示すことにつながり、アセアンの自立を覚醒させた。これは、欧米中心の「クローニー・キャピタリズム論」に対する真摯な反論となっており、後のアセアン共同体形成の基本理念を示すものとなった。これまで述べてきたとおり、アジア通貨危機までの日本とアセアンの協力関係は極めて緊密なものがあった。

しかし、「失われた一〇年」と言われた期間に起きたアジア通貨危機の際には、日本は不良債権処理をはじめとする金融改革や、国内の政策対応に追われた。むしろこの期間はアセアンに対してよりもアジア通貨危機を極めてうまく切り抜けた中国の改革開放に対して日本産業界がその成長力と市場に活路を見出し、極めて積極的に投資を行い、進出を進めた時期であったといえよう。

AECへの道

以上の背景のもとに二〇〇三年一〇月七日、インドネシアにおいて第九回アセアンサミットが開催された。第一回アセアンサミットがインドネシアで開催されたのが、一九七六年スハルト大統領の時であった。

第九回アセアンサミットは、アセアン形成の立役者のひとりであったスカルノ大統領の娘にあたるメガワティ大統領のもとでの開催になり、第一回アセアンサミットで合意された「Bali-Concord Ⅰ（バリ協和宣言Ⅰ）」に続いて、「Declaration of ASEAN Concord Ⅱ（Bali-Concord Ⅱ　バリ協和宣言Ⅱ）」が採択された。

そして首脳声明において、「ASEAN Vision 2020」の課題を達成するための、より高度な整合性のとれた一致した努力の重要性を指摘しながら、二〇二〇年までに「アセアン安全保障共同体（ＡＳＣ）」、「アセアン経済共同体（ＡＥＣ）」、「アセアン社会文化共同体（ＡＳＣＣ）」からなるアセアン共同体を形成することを宣言した。

中国は二〇〇二年に「全面的小康社会」を建設するということを決定したが、これに遅れること一年であった。

「アセアン経済共同体（ＡＥＣ）」については、二〇〇三年九月に開催された第三五回アセアン経済大臣会合共同声明において、セカンド・アンバンドリングの持つ力、すなわち地域生産ネットワークがアセアンの経済共同体の本質的要素であるということが書かれた。

「セカンド・アンバンドリング」とは、生産プロセスあるいはタスクが複数の生産ブロックにフラグメント（断片化）され、それが適地に分散立地され、物理的インフラと制度的インフラの改善と情報・通信革命の進展とがあいまって、ネットワーク上を通じて最適にセットアップされ、つながっていく生産形態の現象（Baldwin,2011）のことである。

そして、第九回アセアンサミット首脳声明でアセアン経済共同体が目指すものは、単一市場というだけでなく、単一生産基地ということが同等の重要性で位置づけられた。アジア通貨危機により、世界の多くはこの地域の生産は回復が困難なほどのダメージを長期にわたって受けるであろうと予測した。

しかし、現実はそうではなく、アセアンの生産ネットワークは強靭で早期に回復し、力強く復活を遂げつつあった。アセアンの首脳は「Vision 2020」の決意を支持し、この地域が世界で最も進んだ工程間分業を可能とする生産ネットワークの場であり、それをさらに進化させるという強い決意を示したのである。

ＥＲＩＡの設立と活動

アセアンの戦略変更に大きな影響を与えたのは、中国の二〇〇一年のＷＴＯ加盟とその後の飛躍的な経済成長、そして中国と並ぶインドの経済成長の進展だった。中国への投資の意味を抜本的に転換させるきっかけとなった改革は二〇〇三年に制定され、二〇〇四年六月に施行された「外商投資商業分野管理弁法」（商務部令二〇〇四年八号）による国内販売活動に関する規制緩和であった。

中国のＷＴＯ加盟は、それまで省別にばらばらであった各種制度をＷＴＯの名のもとに連結させ、透明性を向上させ、改革するものであった。中国全土の制度の連結性を飛躍的に高めることによって、短期間にＧＤＰを倍増させることが示されたのである。

そのような目覚ましい中国の奇跡、インドの好調な成長を目の当たりにして、二〇〇七年一月にフィリピンのセブ島において開催された第一二回アセアンサミットは、「ＡＳＣ」、「ＡＥＣ」、「ＡＳＣＣ」の三つの共同体の完成をすべて五年早めることを決断した。日本もまた、二〇〇六年四月に当時の二階俊博経済産業大臣は「グローバル経済戦略」を発表し、そのなかで「東アジア版ＯＥＣＤ構想」としてＥＲＩＡ（Economic Research Institute for ASEAN and East Asia：東アジア・アセアン経済研究センター）の設立を提唱した。

そのような背景のもとに二〇〇七年一一月、シンガポールにおいて第一三回アセアンサミットが開催され、アセアン憲章が正式に調印され、二〇一五年までに、高度に競争的で十分に統合された単一市場と単一生産基地へとアセアンを変革させていくためのロードマップとして機能する、ＡＥＣブループリントの完成が求められた。

加えて、ＡＥＣスコアカードメカニズムを開発することが要請され、アセアン経済大臣は、それを通じて進捗をモニターしフォローアップすることが要請された。

アセアン経済大臣のこのような努力を契機として、二〇〇七年一一月に開催された第三回東アジアサミットにおける福田康夫総理のＥＲＩＡ設立提案により、ついにＥＲＩＡの設立が一六カ国の首脳の間で正式に合意された。

日本の協力を得て、アセアンの首脳たちは二〇一五年の経済共同体の完成をめざして、アセアン事務局を強化するための知的中枢としてＥＲＩＡは位置づけられた。またサミットも年二回行うようになった。具体的には、各国が経済共同体を形成するために必要なあらゆる措置を四つの時期に分け、それをアセアン事務局がスコアカードでチェックするという方式を創設した。各国から実施状況を報告させて、アセアン事務総長が総括的にチェックし、それを首脳に提言するという形をとった。

また、アセアンに新しく国際機関としての法人格が与えられた。ＥＲＩＡは、まさにアセアン経済共同体を完成させるための組織として当初から期待された。アセアン事務局が行う、いわばコンプライアンス型のスコアカードに加えて、アセアン経済大臣は、ＥＲＩＡに対し分析型のスコアカードの開発と、それによる現状分析、問題点の摘出、政策提言を求めた。

そして、ＥＲＩＡはそれに答えて二〇一二年の第二一回アセアンサミットに、ＡＥＣブループリントの全面的な中間評価を提出し、サミット首脳に政策提言を行った。その最も重要な点は、二〇一五年までに絶対にやらなければいけないコアなものと、それ以外を分けたことである。二〇一五年までにやるべきことの一つとしてＥＲＩＡが挙げたのが、ＲＣＥＰ（Regional Comprehensive Economic Partnership：東アジア地域包括的経済連携）の交渉を終えることであった。

ＲＣＥＰとアセアン経済共同体は、もともとは関係のない二〇一五年以降の話であるが、それをＥＲＩＡはこの報告書のなかでＡＥＣ措置と位置付け、しかも二〇一五年までに交渉を終わらせるべき優先政策と明確に提言した。そして、それがサミットで受け入れられたのである。残念ながら二〇一五年には交渉は完了せず、もう一度の猶予を持つこととなった。

セカンド・アンバンドリング

プラザ合意前は、ＧＡＴＴ、ＷＴＯのルールのもと、国境が基準となる国際貿易の枠組みのなかでの成長が基本であった。それに対して、プラザ合意以降に起こったセカンド・アンバンドリングは、最初は企業が進出し、まずは組立てを行う。次に、部品も作るというように進化していく。

さらに、プロダクションブロックごとに分解が起こり、ここはフィリピン、ここは中国というように、工程間分業が情報革命を背景として進化発展し、それらがネットワークでリンクして最終アセンブルを行うという、単なるグローバルサプライチェーンをはるかに超えたグローバル生産方式へと変化していった。

ＴＰＰが前提としている産業実態と、ＲＣＥＰが前提としている産業実態は、この点において異なる。ＴＰＰはできるだけ自由に売れることによる市場の拡大およびそこにおける公平なルールの創設を最大の目的としているのに対し、ＲＣＥＰは、ＥＲＩＡがＡＥＣ措置のひとつにＲＣＥＰを位置づけるように、その根本思想には自由市場の拡大を超えて、いわばＡＳＥＡＮが「グローバル　ＡＳＥＡＮ」へと深化をとげるための、共同体形成思想を根底に持っている。

セカンド・アンバンドリングにとって重要なことは、それぞれの国の制度がつながって、国を超えて生産工程がつながり、その結果もたらされるサービスをリンクさせることである。その際、サービスリンクコストをいかに下げていくかが一番大事である。

生産ネットワークのためのコストには、セットアップに必要なコスト、国境を越えるときに必要なサービスリンクコスト、国内の商流通制度にかかるコストなどがあるが、相対的には関税はあまり大きなコストにはならない。むしろ、国境の内側のコストをどう下げてつなげていくかが、ＲＣＥＰにとって重要である。

関税を下げることも大事だが、むしろ制度が統一されていること、プロダクションネットワークの形成が容易であることが重要である。基準認証などの政策も含めて、この地域を最も高度な生産基地にすることが必要であり、そのための技術協力などの能力構築が重要である。

問題なのは、関税引き下げの余地があることに加え、サービス自由化におけるＷＴＯの成果以上の成果がほとんど進んでいないことである。プロダクションネットワークの高度化に密接不可分なサービス分野を重点的に選びながら、その自由化を高めていかなければならない。

アセアンにおける自動車産業の今後の発展は、タイとインドネシアが中心となると考えられている。市場規模はアセアン内だけでも将来六〇〇万台を超えるであろう。ＲＣＥＰのなかでハブとなるところが、プロダクションネットワークを通じて可能な限り付加価値を高め、強大なＴＰＰマーケットにそれらの製品を輸出することが可能になる。

その意味でRCEPのメンバーであり、TPPのメンバーであるベトナムなどが重要な意味を持ち、RCEPとTPPのカバレッジが、この地域に進出している企業あるいは国の産業政策に大きな影響、戦略的示唆を与える可能性がある。

「タイ・プラスワン」の動き

「タイ・プラスワン」の動きが積極化している。タイの隣国ミャンマーでその実態を見ておこう。ミャンマーでは、着実に都市中間層が育ってきている印象を持つ。ヤンゴン市の中心部では、ショッピング・モールに最新ファッションのブランド品を売る店が開店し、テレビ、冷蔵庫を売る家電製品店には若者が群がる。

携帯電話を販売する店にも同じような若者が集うが、彼らの目当ては、日本製や韓国製のものよりは廉価だがさほど機能が違わない中国製に集まっている。車もかつては中古車が主流だったが、二〇一三年秋の新車輸入解禁で、各社が一気にショールームを新設し、販売に力を入れ始めた。目立つのが中国製の乗用車である。

企業進出も二〇一四年以降活発になった。日系では縫製関係の会社が低賃金の魅力にひかれて進出しているし、自動車関連でも一度は撤退したスズキが再進出を試みており、日

「タイ・プラスワン」(カンボジア、ミャンマー、ラオス)への進出条件比較

		カンボジア	ミャンマー	ラオス	タイ
政治体制		資本主義 (立憲君主制)	資本主義 (大統領/共和制)	社会主義	資本主義 (立憲君主制)
市場規模	人口	1,400万人	6,000万人	600万人	6,400万人
	1人当たりGDP	802 USドル	702 USドル	1,164 USドル	4,679 USドル
	乗用車保有台数	20台 1,000人当たり	7台 1,000人当たり	21台 1,000人当たり	169台 1,000人当たり
労働力	労働人口	900万人	3,400万人	400万人	3,700万人
	賃金	89USドル (月額)	73USドル (月額)	117USドル (月額)	452USドル (月額)
	識字率	74%	90%	63%	95%
インフラ基盤	外資規制	無し	不明確	無し	無し
	経済特区	7ヵ所	運営実態 不明確	運営実態 不明確	多数
	港湾施設	2カ所 (国際港)	1カ所 (国際港)	無し	5カ所
	タイへの主要道路	整備完了	計画中	建設中	
	電力供給安定性	主要都市を 中心に良好	非常に悪い 自家発電機必要	主要都市を 中心に良好	良好
税制	法人税	20% 最長9年間の 免除あり	25% 最長9年間の 免除あり	10%から30%	
	輸入関税	免除 (制限なし)	一部免除	一部免除	
総合評価		○	△	×	
その他		国内需要は少ないが、インフラ整備状況はかなり良好	将来有望市場だが、現状ではインフラ整備が貧弱	労働人口が少ない。また、インフラ基盤も良好ではない	

出所:Denso (CAMBODIA)Co, Ltd. 提供資料を基に作成。

産もマレーシアの地場メーカーのタンチョンを使った進出を展開している。中国企業では、北京汽車がヤンゴンにショールームを開設、売込みに力を入れているし、雲南省瑞麗に工場を新設し、稼働を準備している。

タイやインドネシアを中核としたアセアンでの経済成長の影響は、確実にその周辺諸国へと拡大してきている。リチャード・ボールドウィン教授が指摘するセカンド・アンバンドリング（第二の分散立地）、つまり「生産プロセスのフラグメンテーションを通じた工程間分業」が生まれ、その影響がタイやインドネシア周辺諸国に波及し始めているのである（Baldwin 2011）。

したがって、適地に分散立地されるためには、それを可能とする諸条件の整備が重要となる。右図は、タイの周辺国であるカンボジア、ミャンマー、ラオス三カ国の企業進出条件をタイを含めて「政治体制」「市場規模」「労働力の量と質」「インフラ基盤」「税制」別で比較したものである。

総合点では、カンボジアがトップ、ミャンマー、ラオスの順番となっている。これは、カンボジアが急速にタイ経済圏の一環に取り込まれていく可能性を示唆している。

しかし、この図で見ると、潜在的市場としてミャンマーの優位性は揺るがない。人口規模といい、労働力人口といい、また識字率といい、申し分がない。しかも労賃はタイの六分の一という低さである。一度きっかけをつかめば急速に成長する可能性を秘めている。

第3章

アセアンを支える産業
～電機産業～

アセアンの電機市場

次に、アセアン内の産業の実情について検討する。手始めに、アセアン各国の家電市場を歩いてみよう。まずはタイのバンコクで電気街を歩く。小物電気製品が並ぶパンティッププラザや携帯電話やパソコンソフトを販売する店がひしめくＭＢＫセンターなどをのぞいてみる。

タイの電気製品市場は、日韓中欧米製品が乱立状態である。タイは、ＣＬＭＶ（カンボジア、ラオス、ミャンマー、ベトナム）諸国より中間層や富裕層の層が厚く、その分、高機能で高価格の製品が電機市場では目に付く。また、携帯電話などでは、サムスンとアップルのスマートフォン販売競争が激しさを増している印象である。しかし日本勢の存在感は薄い。タイ家電市場が日本製品であふれていた時代は、すでに過去のものとなったのである。

他方、フィリップスやティファール、デロンギなどの欧州メーカーは、ヘヤドライヤーや湯沸かし器、コーヒーマシーンなどで販売を伸ばしている。

もっとも、細かく見るとわずかずつではあるが、変化が生まれていることが見てとれる。

バンコク中心部にある大型商業施設「セントラルワールド」前の百貨店の家電製品売り場をのぞいてみよう。白物家電のコーナーを回りながらふと気が付いたのは、日本のメーカが生産した冷蔵庫と洗濯機の存在が、若干ながらも目立ちつつあるように感じたことである。

タイ市場において特に競争の激しい商品分野である冷蔵庫販売においては、日本のパナソニック、シャープ、三菱電機製商品が半年前に比べて増えていると感じられたのだ。いずれの商品も、廉価版の小型もしくは中型冷蔵庫で、値段は約八〇〇〇バーツ（日本円で二万四〇〇〇円）程である。同じサイズの韓国製品と値段的に違いはないし、品質的にもほぼ互角といった感じである。

また、薄型テレビに目を転ずると、この分野は依然としてサムスンとLGといった韓国のブランドが優勢な状況ではあるが、ソニー、パナソニック製テレビの陳列エリアも増えつつあるように感ずる。価格については、韓国及び日本メーカーともに、ほぼ同程度である。いや、商品によっては、日本メーカー製テレビの方が、韓国メーカー製テレビよりも安いケースも見られたのである。現調率を高めて、現地市場に密着した製品開発が始まった予兆が見られる一コマである。

次に目をCLMV諸国に転じてみよう。農村はともかく、大都市では、いずれの国も状況はタイと似たり寄ったりである。ミャンマーでの最大都市のヤンゴンを見てみよう。街中にはサムスン、ＬＧの看板が目立つ。電機製品でもスマートフォンでも、韓国のサムスンやＬＧブランドが幅を利かせている。最近目立ってきたのは、韓国勢より価格が安い中国のＨＵＡＷＥＩ（華為）で、これが急速にシェアを伸ばし始めている。

しかし、ミャンマーではインフラ状況が悪く、通信回線も不安定で、電話も常に途切れがちの状況で、インターネット料金も高いため、街のカフェやレストランに設けられたWI-FIから発せられた電波を使用することも少なくないため、若者はスマホを活用してFacebookやLineを自由自在に操っている。日本ブランドは富裕層には依然として人気がある。

続いてカンボジアの首都プノンペンをのぞいてみよう。二〇一四年六月にプノンペンの中心部に日本のイオンモールがオープンした。建物は駐車場を含めて四階建てである。中核テナントは、イオンのスーパーを含めて日本からの飲食店、家電量販店やアパレルショップで埋まっている。顧客は現地中間層上層や富裕層が中心である。

富裕層は、高級車のレクサスやアウディで買い物に来る。イオンモール・プノンペンに進出した、日系家電量販店ノジマの店舗内を見てみよう。日本から進出したにもかかわらず、現地では韓国ブランドのサムスン製のスマートフォンや白物家電売り場が多くを占め

日本・中国・韓国企業のアセアン進出状況
（品目ごとのシェアトップ企業）

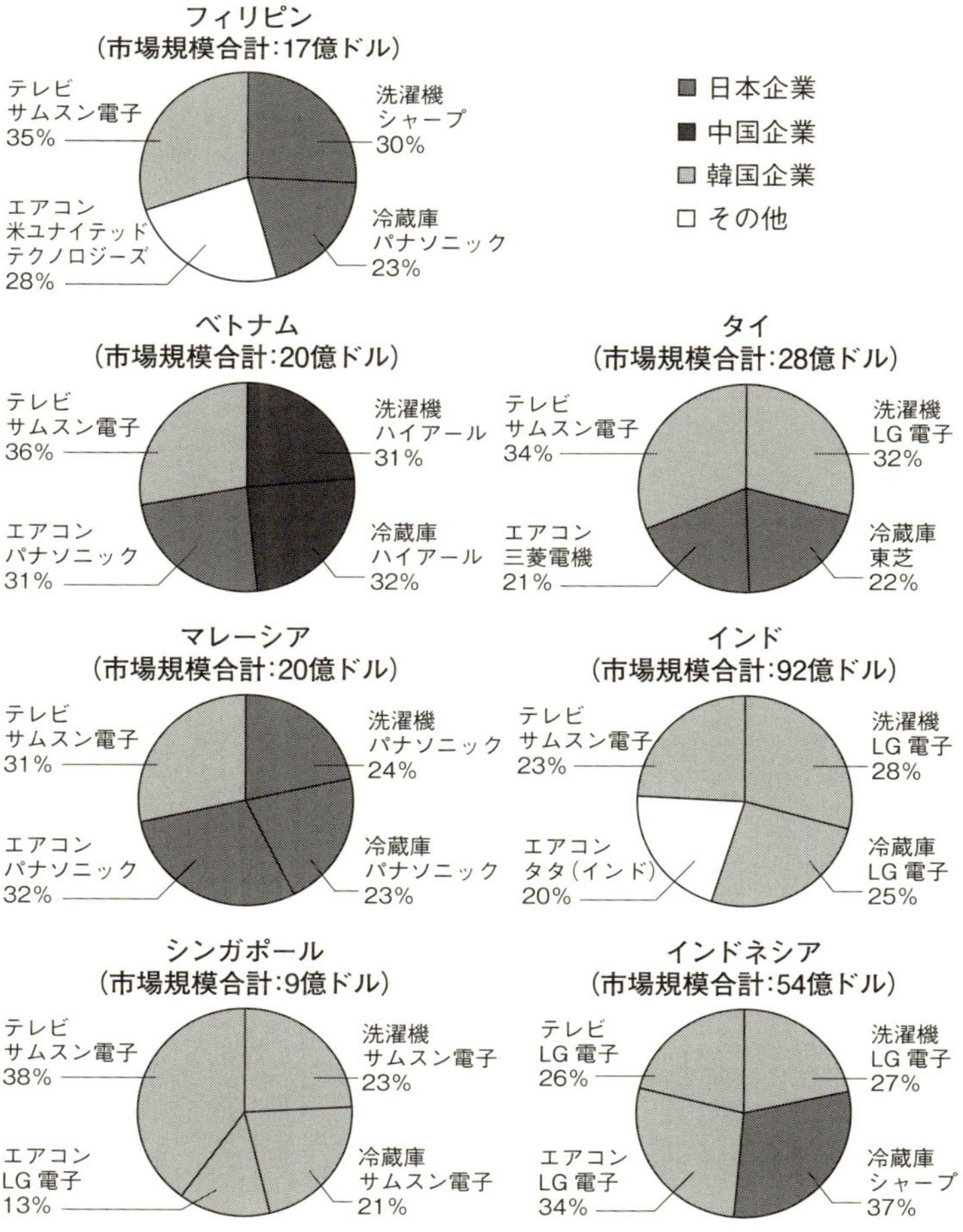

出典：「日本経済新聞」2015年11月20日の記事を基に作成。

カンボジア・プノンペンのイオンモールにある、ノジマで売られていた、ハイアールの電気炊飯器。

る。今日、サムスンブランドは中間層から富裕層まで幅広い客層に人気である。
韓国ブランドのサムスンに対抗する、日本ブランドのソニーやパナソニックの展示エリアはやや寂しげである。たしかに日本ブランドは従来からの高品質を売りに、富裕層に人気があるが、一方で、サムスンの品質もいまや日本ブランドと肩を並べる存在であり、日本ブランドは最先端技術をアピールするがその差は縮まってきている。

アセアンでの家電普及状況

白物家電、あるいは生活家電と称されるテレビ、冷蔵庫、掃除機、洗濯機、クーラーは、経済成長とともに消費が拡大し、普及率を上げていく製品群である。日本でも一九五〇年代の高度成長開始初期にテレビ、洗濯機、冷蔵庫が「三種の神器」と称されたことは読者もご存じのとおりである。ここでは、アセアン内のタイとミャンマーを取り上げて、その普及の実態を見ておくこととしよう。

ごく簡単にタイでの家電製品の需要実績状況を見ておこう。まず電気冷蔵庫だが、二〇〇七年以降、年間約一二〇万台を前後する線でほぼ横ばいで推移していることがわかる。また、電気洗濯機は二〇〇七年の一〇〇万台からゆっくりとしたスピードだが、安定した伸びを見せて二〇一一年には一三〇万台に達していることがわかる。

電気掃除機の需要はいまいちで、二〇一〇年に五〇万台に達した後二〇一一年には、タイ洪水などの影響もあって漸減している。電気冷蔵庫ほどではないにしても、近年では電子レンジの普及が増加し、二〇〇七年の四〇万台は、二〇一一年には約二倍の八〇万台まで増加した。

インドネシアも電気冷蔵庫、電気洗濯機が急速に伸び、ルームエアコン、電気掃除機、電子レンジがさほどの成長を示していないというのが、ほぼ共通した動きである。マレーシアのように冷蔵庫、洗濯機、ルームエアコンが三者そろって伸びている国もあるが、インドネシアはまだそこまでいっていない。マレーシア市場全体の特徴として、ほかのアセアン諸国に見られるような急激な需要の増加は見受けられない。したがって、マレーシアの電機製品市場は成熟期に移行したと考えられる。

タイにおける家電製品需要実績推計（単位：千台）

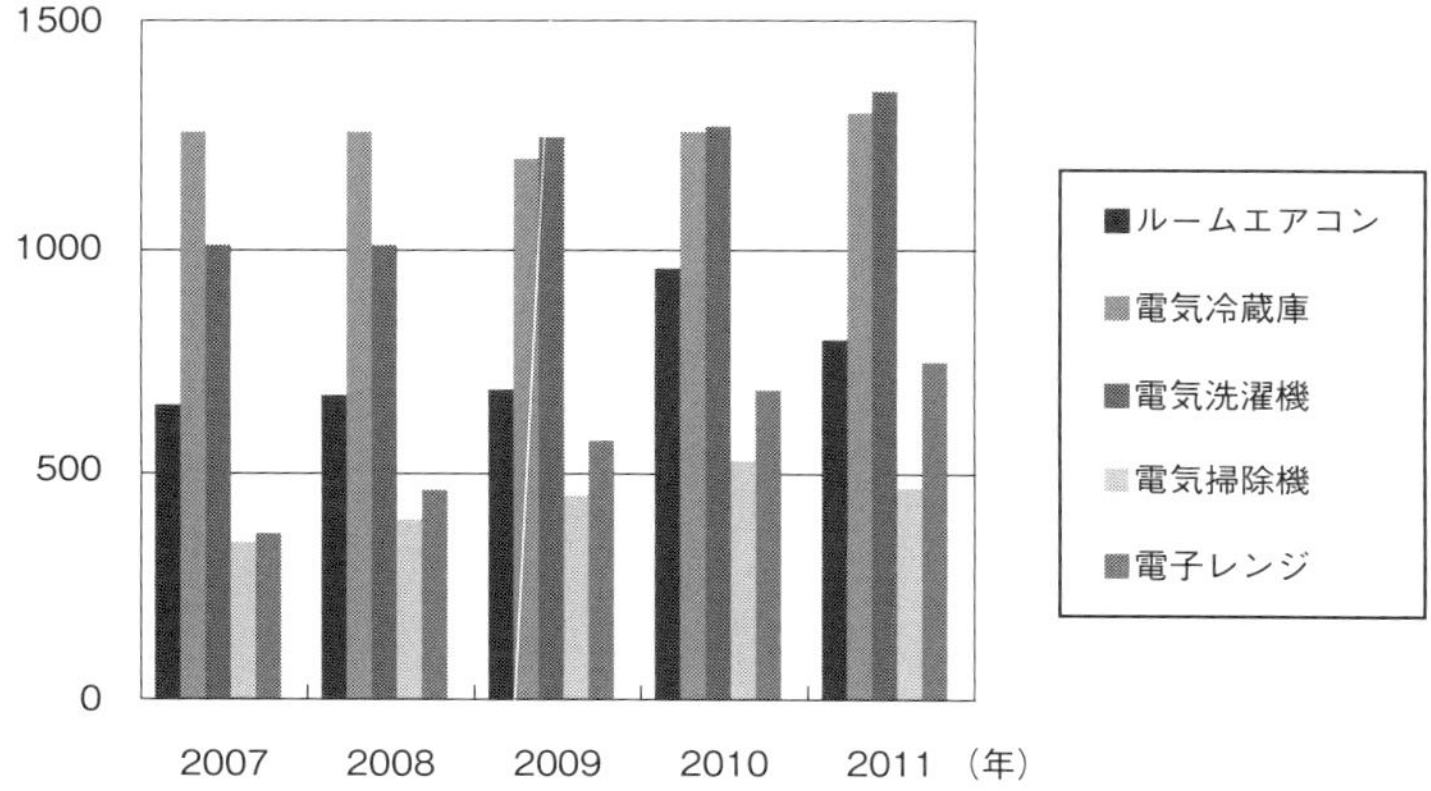

出典：一般社団法人日本電機工業会『白物家電5品目の世界需要調査（生産・輸出・輸入データを含む）2006-2012年』2014年。

ミャンマーにおける家電製品需要実績推計（単位：千台）

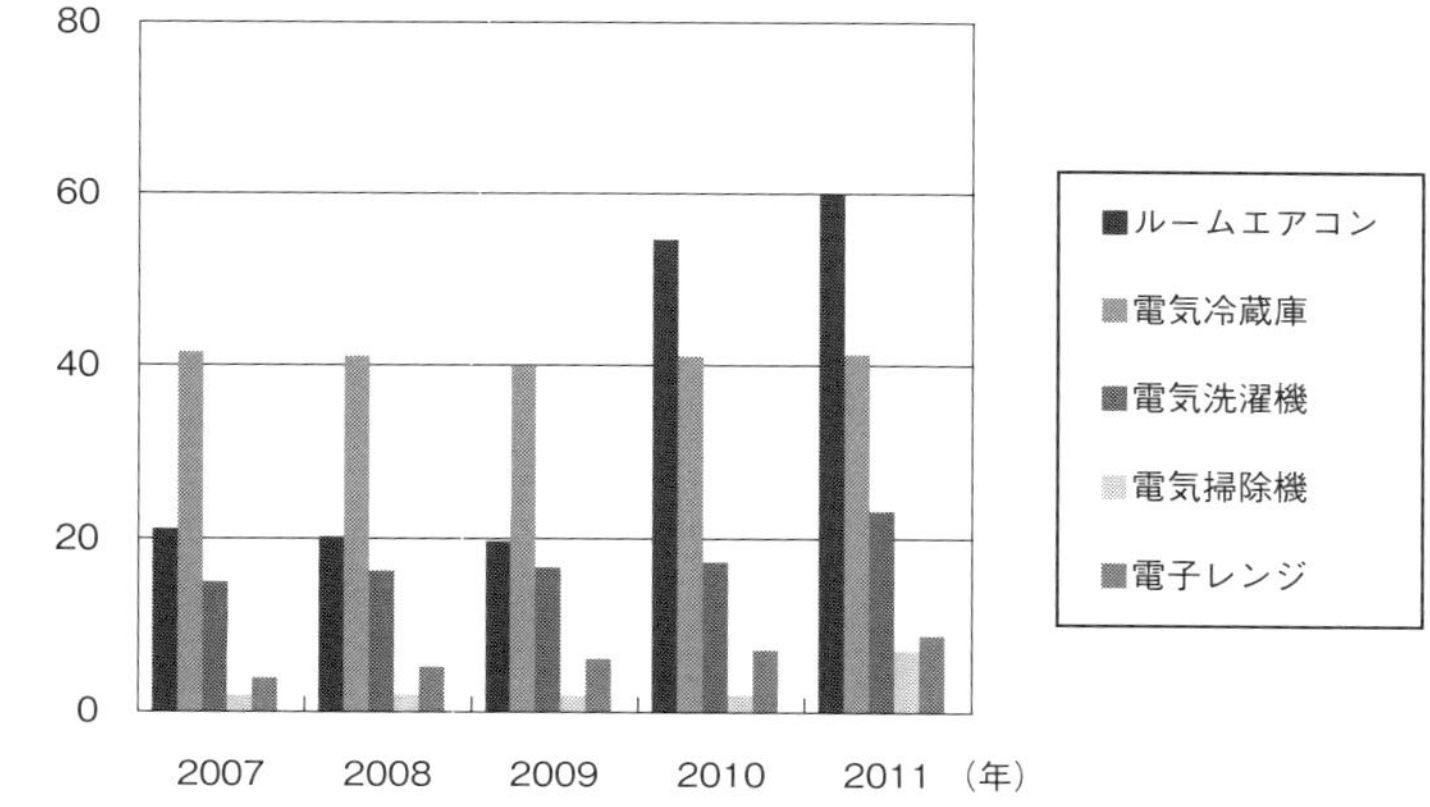

出典：同上。

マレーシアは一人当たりGDPもアセアンのなかではシンガポール、ブルネイに次いで高く、家電製品の普及率でもアセアンのなかではトップの部類に入る。また、電機電子産業の発展も九〇年代に入ってからは、中国との競争に敗退して急速にその生産を落とし始めたとはいえ、日本電機企業の進出も相まって、一九八〇年代は目覚ましいものがあった。その結果ともいえようが、電子レンジを筆頭に、エアコン、冷蔵庫、洗濯機で平均した売り上げを示してきたのである。

アセアンのなかでタイの対極にあるのがミャンマーである。まず電気冷蔵庫が四万台、洗濯機が二万台以下と、市場規模がタイの三〇分の一から五〇分の一ですこぶる小さい。これは、別の見方をすれば、今後の成長が大いに期待できる市場でもあるといえよう。

そうしたなかで、近年ではルームエアコンと電気冷蔵庫がこの市場をリードする位置にあるということである。特に、ルームエアコンに関しては、二〇〇九年比で二〇一〇年に約二・七倍、二〇一一年には三倍まで需要が高まった。今後の伸びが期待できる。

現地化を進めるパナソニック

かつては日系家電メーカーがアセアン市場を席巻していた。しかし、いまは違う。韓国や中国、そして地場の企業がそのシェアを伸ばしている、あるいは伸ばしつつあるというのが現状である。

ただし、日系家電メーカーがアセアン市場を稼ぎ場所として重視している点は変わりがない。白物家電のアジア売上比率を見れば、パナソニックの二六％を筆頭に日立の二〇％、三菱電機の一七％と高い比率を示しているからである（松岡紘司「アジア白物家電市場と日系家電メーカーの取組」一般財団法人アジア太平洋研究所、二〇一二年）。

では、市場奪還を目指して日系企業はどんな活動をしているのか。ここではパナソニックを例に見てみることとしよう。

二〇一四年のパナソニックの株主総会の資料「二〇一四年三月期（二〇一三年度）年次報告書」によれば、当期の総売上げは七・七兆円で、その内訳は、国内三・九兆円、国外三・八兆円で、ほぼ半々の状況である。営業利益率は、二〇一三年以降の円安とも連動して三・九％を記録するなど、だいぶ回復基調にあるといってもよいであろう。

この実績をふまえ、パナソニックは売上高一〇兆円企業を目指して「家電事業」「住宅関連事業」「車載事業」「ＢtoＢソリューション事業」「デバイス事業」の五つの事業領域に「日本」、「欧米」、「海外戦略地域」の三つの地域を掛け合わせて、都合一五の組合せで重点領域を設定していくという。

それによれば、「家電事業」「住宅関連事業」「車載事業」でそれぞれ売上高二兆円、「ＢtoＢソリューション事業」で二・五兆円、「デバイス事業」で一・五兆円を目指すという。さらに「家電事業」の課題達成の一環として、同部門は、「海外戦略地域」の販売拡大を重点に、社内分社制度をとるパナソニック内で白物家電関連のアプライアンス社に液晶テレビ、デジタルカメラ、ビデオ機器のＡＶＣネットワークの家電部門を統合して、新アプライアンス社を立ち上げることとしたのである。

そこには、白物家電に注力するパナソニックの戦略が見え隠れする。そして、狙う主な市場、つまり「海外戦略地域」は、アジア、中東、中国、アフリカだが、とりわけアジアだという。ここでいうアジアとは、アセアンとインドを指している。

アプライアンス社の二〇一三年の売上は一兆八〇〇〇億円だが、二〇一九年までに二兆円を目指して「地域別の戦略としては、直近の三年間（二〇一四―二〇一六年）は、市場の成長が著しく、またアプライアンス社のシェアも高いアジアに集中して投資を実施し、地域完結型事業体制の構築や現地向け商品ラインアップの拡大を図る」としている。

ここで、アプライアンス社のアセアン展開の現状と今後の見通しを見ておくこととしよう。ここではＡＰアジアを新たに設立し、ここを商品企画・マーケティングの拠点とし、冷蔵庫・洗濯機の商品企画・開発拠点をベトナムに、エアコン・テレビのそれらをマレーシアに集中し、現地密着商品の企画・開発を行うというものである。パナソニックは、ベトナムに二、マレーシアに八、タイに五、インドネシア一、シンガポール二の各工場・販売拠点を所有している（アプライアンス社ホームページ「海外関連会社」）。

ベトナムの二工場では冷蔵庫と洗濯機を、またその開発拠点は同国北部ハノイ近郊で、マレーシアでは、エアコン、エアコン用コンプレッサ、掃除機、炊飯器やジューサーなどの小物調理家具、電気シャワー、テレビなどを生産するが、その開発センターは、マレーシアのKL郊外のシャーラムの工場に隣接して設置されている。

また、マレーシアでは二〇一四年からテレビ工場も組み込まれた。なお、東南アジア統括本部であるAPアジアは、マレーシアに設立される見込みとなっている（NNA.ASIA　二〇一四年一〇月三〇日「パナ、マレーシアで冷蔵庫・洗濯機一〇％増収掲げる」）。

サムスンの携帯電話生産基地となったベトナム

このところ、ベトナムがサムスンの携帯電話生産基地と化したことが話題となっている。サムスンはノキアを抜いて世界第一位の携帯電話生産企業に成長したが、その生産基地は韓国ではなくベトナムである。ハノイ近郊バクニン省「イエンフォン工業団地」の広大な土地に巨大なサムスンの携帯電話工場が建っている。タクシーで走ること一〇分以上だが、工場が途切れることなく続いている。

無理もないことだが、この工場は、サムスンのスマートフォン「ギャラクシー」の一大生産工場なのである。ここで組み立てたスマホが世界各国へ輸出されていく。この工場の建設の結果、二〇一二年のベトナムの輸出のトップに携帯電話が躍り出たのである。ベトナムはここ一〇年継続していた貿易赤字を解消し、貿易黒字に転換した。二〇一三年のサムスンの携帯電話の生産計画によれば、総生産台数は五億一〇〇〇万台で、うちベトナムで二億四〇〇〇万台、中国で一億七〇〇〇万台、韓国で四〇〇〇万台、インドで二〇〇〇万台を生産する予定だという。

サムスンはまたベトナムでの生産拡大やロジスティクス整備のために、二〇二〇年までに二二億ドル（約一九〇〇億円）を追加投資する予定だという。いいことずくめのようだが、問題点も少なくない。

まずは、部品の大半は韓国や中国から空輸して運んできており、ベトナムでの調達は少ない。ベトナムが完全な組立基地に過ぎない点がある。また、サムスンの成長に陰りが見え始めているからである。中国製のスマホの追い上げが激しく、サムスンのシェアを侵食

ベトナムの2013年品目別輸出金額（億米ドル）

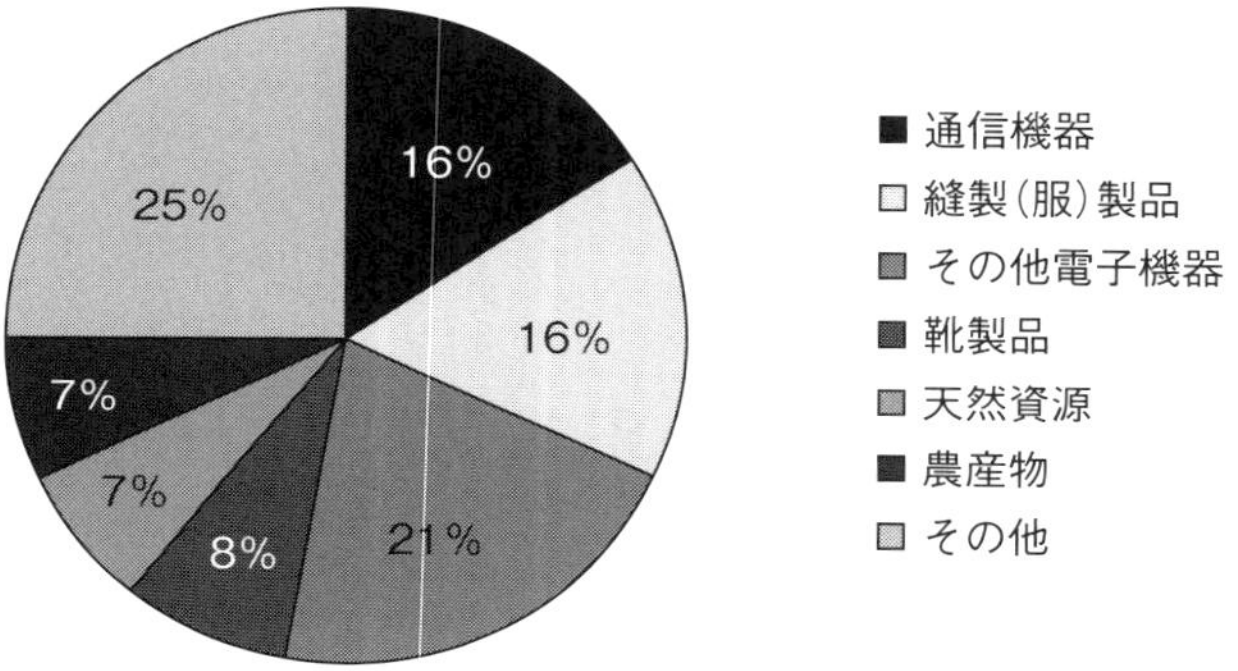

出典：The Observatory of Economic Complexityを基に作成。

し始めているのである（韓国聯合ニュース「サムスン　ベトナムに第2の携帯電話生産基地建設へ」二〇一三年二月七日、VIETJO「サムスン電子、二〇一三年は携帯電話の半数をベトナムで生産へ」二〇一三年一月二日）。

サムスン電子ベトナム有限公司

そもそもサムスン電子とベトナムとの関係は、二〇〇七年から始まる。このころからベトナム政府に対するサムスンの工場建設の打診が行われ始めたからである。

そして、サムスン電子がバクニン省イエンフォン工業団地に第一工場を建設し、そこで携帯電話の生産を開始したのが二〇〇九年のことであった。

そして当初は、低価格機種の生産を行っていた。

サムスンは研究・開発こそ韓国で行うものの、部品は主に韓国、中国、台湾から引いてきて、ベトナムで組立を行うというものであった。

その後サムスンは、高機能携帯（スマートフォン）とタブレット端末の生産を開始した。二〇一四年に入りサムスンは、部品のみならず研究・開発機能もベトナムに現地化する方向を進めている。

ここで、二〇一三年から一四年にかけて出てきた新しい動きを指摘しておこう。まず、R&D（研究・開発）センターだが、サムスンは、すでに八〇〇人規模のソフトウエア研究施設をハノイに開設済みであったが、二〇一三年三月にハノイ近郊のホアラック・ハイテクパークに、研究・開発センターを新たに開設すると発表している。

また、二〇一四年六月に同社は、ベトナム情報通信省傘下の大学機関である、郵政通信技術学院との共同研究開発事業の推進と同学院学生への奨学金供与に関する覚書を交わし、産学共同での現地研究・開発を促進している。

次に部品生産に関して見てみよう。サムスンは、第一工場の周辺にディスプレイや電機関連部品やそのモジュール工場を集める動きを積極化させている。たとえばサムスンの子会社のサムスンディスプレイは、第一工場の隣に高性能のディスプレイ工場を建設し、二〇一五年から稼働させると発表している。これによれば、韓国から半製品を搬入し、ここで最終製品に組み立てるという。

サムスンは、二〇一四年三月に第二工場をタイグエン省イエン・ビン工業団地に開設した。第二工場は第一工場同様に、携帯電話の生産工場であり、工場周辺にスマートフォン用のデバイス基板やカメラのモジュールなどの部品工場を集めて、これを第二工場に集める体制を構築している。

サムスン電子の対ベトナム戦略は、上記のようにスマホやタブレットなどの機器類は、開発まで含めてハノイを中心とした北部で行う方向で事業展開を進めている。他方で、白物家電に関しては、南部のホーチミン市を中心とした地域に生産を集中させる戦略をとっている。

エアコンやテレビ、冷蔵庫といった家電製品は、これまで韓国から引いてきていたが、今後は国際競争力を強めて市場シェアを伸ばす一策として、現地生産工場を立ち上げる予定で計画を進めている。二〇一四年中には政府の認可を得てエアコンやテレビ、冷蔵庫、洗濯機の工場を立ち上げる予定で二〇一五年五月に工場建設に着手した（ＩＴ ＰＲＯ 二〇一四年一一月一一日「Samsung、ベトナムで最大三〇億ドルの追加投資、スマホの新工場建設へ」。ＭＫ ＮＥＷＳ 二〇一四年一二月一五日「サムスン、ベトナム2工場を増設」、ＩＣＴ ＮＥＷＳ 二〇一四年二月二五日「Samsung muốn đặt trung tâm R&D

tại Hà Nội」、日本経済新聞（ウェブサイト）二〇一四年一〇月四日「サムスン、ベトナムに家電工場」)。

存在感を増す中国の華為（HUAWEI）、ハイアール

このところアセアンの家電市場で中国製の製品が増加し、その存在感を高め始めている。その先陣を切っているのが華為（HUAWEI）である。同社の設立は一九八七年のことで、広東省の深圳に通信機器の製造、販売、研究開発を目的に中国人民解放軍出身の任正非によって設立された。本社は深圳に置かれ、その郊外には一・六平方キロの敷地を有する研究施設を持ち、北米、欧州、日本、インド、東南アジアに研究・開発センターを構えている。

近年めきめきと業績を伸ばして、二〇一四年の一月から六月期決算では、売上高が前年同期比で一九％増の一三五八億元（約二兆二一〇〇億円「日経産業新聞」二〇一四年七月二三日）で、その約一割を研究開発に投資する。したがって、全従業員の四五％以上に当たる約七万人が研究開発に携わるのである（HUAWEI日本ホームページ）。

また、同社の主要製品を見れば、二〇一四年七月現在のスマートフォンの世界出荷台数

華為（HUAWEI）の開発拠点

中国	・グローバル技術アシスタントセンター（本社拠点）1拠点 ・研究開発（R&D）センター 7拠点、スペア部品ロジスティクスセンター 1拠点、グローバル及び地域スペア部品オペレーションセンター 1拠点、サービスリソースセンター 1拠点
タイ	・サービスリソースセンター 1拠点
インドネシア	・サービスリソースセンター 1拠点
マレーシア	・グローバル及び地域別スペア部品オペレーションセンター 1拠点

出典：Huawei Enterprise Service Partner Brochure.

は、世界第一位の韓国のサムスン（二五・二％）、世界第二位のアメリカのアップル（一一・九％）に次ぐ世界第三位（六・九％）のシェアを誇り、小型モバイルルーターや無線ブロードバンド末端の世界シェアは、五五％（二〇一二年）に上った。

同社の強みは、世界で急速に普及しつつある、高速通信規格「LTE」に対応した最新のスマートフォンを低価格で販売して、アセアンやアフリカでその存在感を強め始めていることである。

それは、同社の売上げの七〇％が海外であることでも傍証されるし、従来はアップル、サムスン、LGなどが牙城を占めていたタイやマレーシアでも、LTE対応製品を中心に急速に売上げを伸ばし始めているのである。

タイでは、第二位の通信会社トータル・アクセス・コミュニケーション（DTAC）が、自社ブランド「トライネット・フォン」のサービス提供開始に際し、華為製の端末を使うことを決定した。華為は価格帯の異なる三種類の機種を同社に提供した。

中国のハイアールの拡大

アセアンでの中国企業の活動を見る場合、華為と並ぶ企業として、ハイアールを取り上げる必要がある。ハイアールは、一九八四年に張瑞敏によって中国山東省青島に設立された。張も先の華為の創設者の任正非と同様に、中国人民解放軍の出身である。

企業概要を簡単に紹介すると、冷蔵庫や洗濯機といった白物家電では世界第一位のシェアを誇る。世界二四カ所に工場を有し、売上高は三兆六五一億円である。研究・開発拠点は、世界各地に展開している。中国、日本、韓国といったアジア各国に始まり、イタリア、アメリカに広がり、デザインセンターも上記の国々以外にオランダ、ドイツ、デンマークに設置されている。また、グローバルインフォメーションセンターが、アセアン地域ではシンガポールに置かれている。

アセアンにおけるハイアールの事業展開は、一九九六年のインドネシアでの冷蔵庫生産に始まり、一九九七年にはフィリピンに冷蔵庫工場を、マレーシアに洗濯機工場を開設した。さらに二〇〇〇年にはベトナムで、二〇〇七年にはタイで冷蔵庫の現地生産を開始した。また、アセアン以外ではインド、パキスタン、バングラデシュ、ヨルダン、チュニジア、ナイジェリア、ウクライナ、アメリカ、イタリアで海外生産を行っている（Yu Lan Wang "The Overseas Development of Chinese Electoronics Companies : A case study of Haier and TCL."）。

ハイアールの開発と生産の中枢拠点が中国であることは言をまたないが、それをふまえて積極的な海外展開を進めていることがわかる。さらにまた、二〇〇〇年代に入るとハイアールは、二〇〇二年に三洋電機と合弁を組み、二〇〇七年にはハイアールが三洋電機ブランドの冷蔵庫の受託生産を開始した。

そして二〇一一年には、ハイアールは二〇一〇年のパナソニックによる三洋電機の子会社化に伴う三洋電機の事業整理と関連し、三洋電機の白物家電部門を買収した。この買収の結果、ハイアールは、三洋電機の洗濯機、冷蔵庫の二事業部門を吸収し、かつ東南アジア四カ国（ベトナム、インドネシア、フィリピン、マレーシア）の冷蔵庫、洗濯機工場を自社の傘下に収めた。

ハイアールは、二〇一二年には旧三洋電機の技術、開発拠点及び人材を引き継ぐ形で、日本に「ハイアールアジアインターナショナル株式会社」を設立した。二〇一六年一月、同社はアクア株式会社に社名変更した。アクア株式会社は、従来どおり「ハイアール」ブランドの商品を展開する一方で、旧三洋電機が販売をしていた製品の後継機種を

「ＡＱＵＡ」ブランドで新規販売を行っている（東南アジアでは一部、三洋ブランドもいままでどおり継続使用される）。

ハイアールアジアインターナショナルは、日本をはじめ、タイ・ベトナム・インドネシア・マレーシア・フィリピンのアセアン諸国でのハイアール、ＡＱＵＡ商品の生産・販売を統括している。同社の開発拠点は日本に二カ所あり、日本、タイ、ベトナム、インドネシアに生産拠点を有する。

ハイアールは、旧三洋の開発技術能力をうまく生かし、小型円筒形の洗濯機を製品化した。これは「コトン」と名づけられ、衣服の汚れた部分だけを三〇秒で洗浄する新製品である。今後、ハイアールは旧三洋を基盤に効率的にアセアンに進出し、ハイアールブランドを成長させると同時に、ＡＱＵＡブランドも富裕層向けに展開し、二〇一四年夏にはバンコクに同ブランド販売拠点を設立した。さらに、タイ以外にもインドネシアやフィリピンで展開を予定している（「日本経済新聞」二〇一四年三月二九日）。

また、ハイアールの本社がある中国市場の伸びが鈍化していることから、同社はアセアン域内でミャンマー、ラオスとカンボジアでの販売を強化する構えである。これらの地域で販売する商品は、従来の白物家電に加え、スマートフォン、タブレット端末や薄型テレビも含まれる。供給については、既存のハイアールのアセアン工場からの輸出になるが、将来的にはこれらの地域での工場展開も視野に入れている模様である。

なお、ハイアールアジアインターナショナルの売上げは二〇一二年度で四八三億円で、日本と東南アジアの売上高比率は半々程度だという（「日本経済新聞」二〇一四年六月二一日）。また、インドネシアではスマートフォン工場を二〇一四年内に開設し、タイやインドネシアで販売を開始するとしている（「日本経済新聞」二〇一四年八月一二日、「新華ニュース」二〇一四年八月二七日）。

第4章

アセアンを支える産業

～自動車産業～

アセアンの自動車市場

誰の目にも明らかなのは、アセアンでのモータリゼーションの波の到来である。街では二輪車に加えて、確実に四輪車が目に見えて増えている。

それを裏付けるように、アセアン各国の自動車の販売台数もこの数年急速に増え続けている。二〇〇〇年代初頭までアセアンの自動車産業をリードしてきた国は、タイとマレーシアの「二強」だった。

ところが、リーマンショックを上手に乗り切ったインドネシアが二〇一〇年以降急速に自動車販売を伸ばして、伸び悩むマレーシアを抜き去ってタイに次ぐアセアン第二の自動車販売国となり、タイ、マレーシア、インドネシアで「三強」を形成するにいたった。

この「三強」に引きずられるように、ベトナムやフィリピンも販売を伸ばしつつあり、このままいけば、四年後の二〇二〇年には、アセアン内で総販売台数六〇〇万台も夢ではないといわれる。

かつて二〇〇〇年代以前、アセアン自動車市場は、日系メーカーの独壇場といわれてきた。たしかに一九六〇年代以降、タイを手始めにフィリピン、インドネシア、マレーシアにトヨタ、日産、ホンダを筆頭とする日系メーカーが進出し生産拠点を作って自動車づくりや販売網の整備を強化してきた。この結果一九八〇年代末には、アセアンでの日系企業の自動車販売シェアは九〇%を超えるに至った。

しかし、二〇〇〇年代に入り、アセアン各国が輸入代替工業化政策から輸出志向工業化の方向に大きく舵を切るに伴い、欧・米・韓・中各国自動車企業が相次いでアセアン市場に乗り出してきており、二〇一四年時点では、日系メーカーの市場占拠率は七〇%前後に下落してきている。

アセアン内関税撤廃を目指す「AEC二〇一五」の進展と、二〇一八年には、アセアンに遅れて参加したカンボジア、ラオス、ミャンマー、ベトナムのCLMV諸国への関税撤廃に伴い、今後アセアン内での部品供給体制が一層整備されれば、各国の自動車販売競争は一層激化することが予想されるのである。

また、日本車を筆頭に、欧・米・中・韓各国企業の輸出攻勢のなかでアセアンの自動車市場は活性化している。

ベトナムやラオスではタイからの日本車輸入に加えて、韓国車が人気を博して市場シェアを拡大しているし、ミャンマーでは、日本の中古車や中国や韓国の新車も登場し激しい商戦が展開されている。

アセアン（5カ国）における自動車販売台数

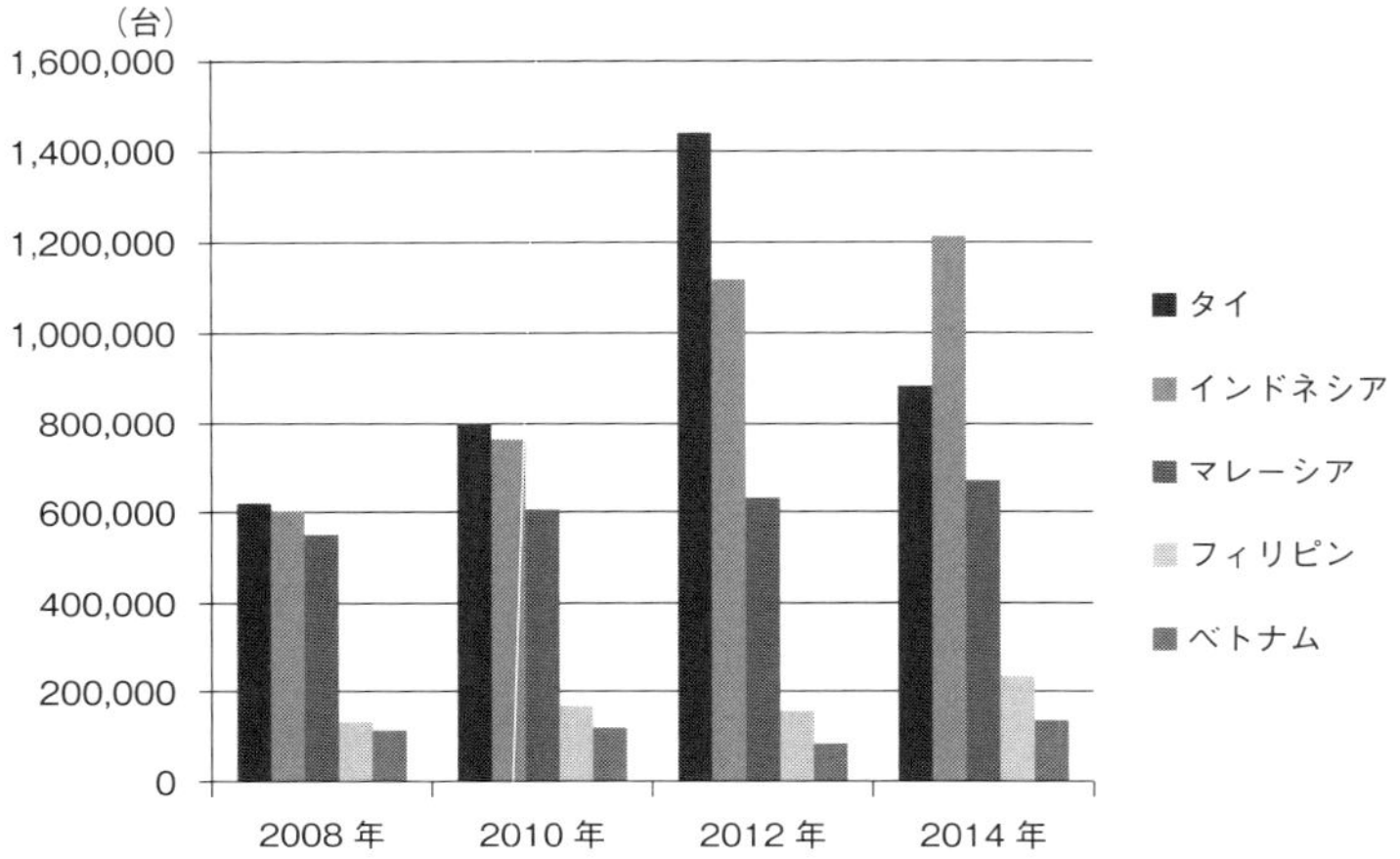

出典：ASEAN AUTOMOTIVE FEDERATION STATISTICS 2008 ～ 2014.

アセアンでの自動車販売状況

この数年間でアセアンの自動車販売台数はうなぎ上りに上昇した。アセアンの自動車「三強」であるタイ、インドネシア、マレーシアの動きを概観しておこう。

まずタイだが、自動車販売台数は、二〇〇八年の約六二万台、二〇一〇年の約八〇万台、二〇一二年の約一四四万台、二〇一四年の約八八万台となっている。政治混乱と景気低迷で二〇一四年の販売台数は落ち込んだが、二〇〇八年と二〇一二年の間で見れば約二倍弱の増加を示している。

二〇一四年のタイでの新車販売台数が減少したとはいえ、同年のアセアン五カ国（タイ、インドネシア、フィリピン、マレーシア、ベトナム）の合計販売台数（約三二〇万台弱）の実に約三〇％がタイで販売されたのである。

タイを代表する車種は、ピックアップトラックである。タイでは、道路事情やバス代わりの交通機関として「ピックアップトラック」の人気が高かった。政府も部品生産に関するインセンティブの付与や購入者への物品税の減税、燃料費補助でピックアップトラックの生産モデル化に努めてきた。これに応えて日系のトヨタ、いすゞ、日産、マツダの各社はタイでのピックアップトラックの生産に注力し、競争を繰り広げてきた。

さらに、最近タイ政府は「第二のプロダクト・チャンピオン」として環境に留意した小型エコカーに注目し、ピックアップトラックと同様の法人税や機械設備関連輸入税の免除などのインセンティブを与えている。また、購入者に対してもエコカーの物品税を普通乗用車三〇％から一七％へと引き下げた。

各社は、高まる購買意欲にこたえるために、環境車の投入を急いでいる。タイ政府は、環境車対策を積極的に進めており、二〇〇七年から始まった第一期エコカー計画に続いて、二〇一四年四月から第二期エコカー計画を実施しており、第一期の日系五社（トヨタ、スズキ、ホンダ、三菱、日産）に加えて、第二期では新たにマツダ、GM、フォード、VWが参加し、中国系の上海汽車が地元タイの財閥企業のチャロン・ポカパン（CP）とも合弁会社を設立し、自動車販売を開始した。タイ市場は激戦地域に変わり始めている（「日本経済新聞」二〇一四年四月三日）。

次にインドネシアを見てみよう。インドネシアの自動車販売台数は、二〇〇八年に約六〇万台だったのが二〇一〇年には約七六万台、二〇一二年には約一一二万台、二〇一四年には約一二一万台へと増加した。この間、同国の新車販売台数は二倍となり、二〇一四年にはタイを凌駕したのだ。

二〇一四年のアセアン五カ国のなかで、インドネシアの販売の占める比率は約三八％であった。インドネシア市場の特徴は国内販売が主流で、輸出比率は少なかったということであるが、二〇一三年以降輸出が増加し始めている。

インドネシアではタイ同様、所得の増加に従って四輪車を購入する消費者が増加している。特に排気量が一五〇〇cc以下の小型車が人気で、種類別にはハッチバック、セダンタイプの車や、家族の多いインドネシア市場に照応してMPV車が主流となってきている。各社そろって小型から中型のMPV車を市場に投入している。

「三強」の最後になるが、マレーシアを見ると、二〇〇八年には約五五万台が、二〇一〇年には約六一万台に、そして二〇一二年には約六三万台、二〇一四年には約六七万台で、この間の伸びは約一・二倍の微増にとどまった。アセアン五カ国に占める生産比率は、「三強」のなかでは最小の二一％弱であった。この間、インドネシアがマレーシアを凌駕して、二〇一四年には遂にタイに迫ったことがわかる。

マレーシア自動車販売市場はほぼ横ばいであったが、それは、リーマンショックの影響をあまり受けずに安定した市場を作ってきたということも意味する。それは同時に、三〇〇〇万人（二〇一四年）という少ない人口でありながら、アセアンでは唯一の国産車メーカー（プロトン、プロドゥア）を擁して自動車普及が進んだために、これ以上の市場拡大が望めないということでもある。

車種は、プロトンは中型セダンの「サガ」「ペルソナ」「インスピラ」、プロドゥアは小型「マイヴィ」「ビヴァ」「アルザ」などの小型車を販売している。「インスピラ」は三菱ランサーのリバッジモデルであるし、「マイヴィ」はダイハツの「ブーン」、トヨタの「パッソ」をベースとした小型ハッチバック車である。

残りのフィリピンとベトナムに関してみれば、フィリピンが二〇〇七年から一三年にかけて販売を上昇させているのに対して、ベトナムはその販売台数を減らしてきたが、二〇一四年に入り上昇に転じている。

フィリピン市場では、各社共にコンパクトカーや小型もしくは中型のＭＰＶ車、ＳＵＶ車など幅広いラインアップを展開している。国内販売と輸入の割合は三対七で輸入車比率が高い。全体的に日系メーカー車の人気が高く、現地生産モデルに加えて、タイやインドネシアで展開している低価格の低燃費車の輸入も増加している。二〇一〇年以降韓国系メーカーが台頭しており、日系メーカーと激しい競争を展開している。

他方ベトナムであるが、ここでもセダンやハッチバックタイプの車がポピュラーで、SUVやMPVも人気で、幅広い車種展開がなされている。フィリピンと並びアセアンでは日韓自動車企業がしのぎを削る地域である。

ベトナムでの自動車販売台数は二〇一〇年以降、政府の金融引き締めによる景気後退、自動車登録税の大幅値上げなど税法上の不利が大きく、車両の取得費用がタイの二倍になっていたため販売減少が続いていたが、二〇一二年以降、法制度の変更にともない増加に転じ二〇一四年には、前年比四〇％増の一五・三万台を記録した（大野健一「ベトナム工業化戦略について」政策研究大学院大学、２０１３年5月）。

アセアンでの自動車生産状況

新車生産状況でも、タイはアセアンの先陣を切っている。二〇〇八年のタイでの新車生産台数は約一四〇万台であったが、二〇〇八年のリーマンショックの影響で、二〇〇九年にはいったん一〇〇万台に減少した。その後、二〇一〇年に一六五万台となった。だが、二〇一一年にはタイの洪水や東日本大震災の影響で一六四万台にとどまったものの、二〇一二年には一気に二四五万台を記録した。

一方で、二〇一四年はタイ国内新車販売低迷のあおりを受け、約一九〇万台にとどまっている。二〇一四年のタイ国内生産台数（約一九〇万台）から国内販売台数（約八八万台）を差し引いたものが輸出だと考えると、輸出比率は四七％、つまり、約半分が輸出だということになる。タイではピックアップトラックが人気製品であることはすでに指摘したとおりだが、特にトヨタは、「ハイラックス・ヴィーゴ」で、対するにいすゞは「D−MAX」でこれに対抗し、首位の座を競い合ってきた。

米系でもGMがシボレー「コロラド」を、またフォードが「レンジャー」を発売しているが、「コロラド」はいすゞの「D−MAX」と、「レンジャー」はマツダの「BT−50」とプラットフォームを共通化している兄弟車である。

最近、環境車に対する優遇措置と対応して、ホンダは、日タイ共同開発でエコカー基準をクリアした「ブリオ」のハッチバックやセダンを、三菱はエコカー基準をクリアした「ミラージュ」や「アトラージュ」を投入、日産もエコカーの「マーチ」、「アルメーラ」を投入した。トヨタは、小型のハッチバック車には弱いが、新たに「ヴィオス」の生産を開始した。

さて、輸出に関してだが、ピックアップトラックを中心にタイの生産車をアセアンや中東、オーストラリア、さらには欧州向けに輸出しており、日産や三菱は、タイに生産移管した小型車を日本に輸出している。

部品に関しては、タイは長年の政府の誘致政策によりアセアン随一の分厚い部品企業の産業集積を誇る。もっとも近年では、労賃の高騰により、労働集約部門のミャンマー、カンボジア、ラオスへの移転が見られ始めており、タイでの技術の高度化が求められている。

タイに次ぐのがインドネシアである。二〇〇七年まではマレーシアの後塵を拝したが、二〇〇八年には約六〇万台で伸び悩むマレーシアを抜き去り、同年には、タイに次ぐアセアン第二の位置を獲得した。

インドネシアの場合には、販売台数が生産台数に近似していることを考えると、輸出量はほとんどないと考えることができる。この点がタイと大きく異なるインドネシアの特徴である。インドネシアの国内自動車市場は二〇一五年に入り需要にかげりが見られるとはいえ大筋では順調に推移していると見ることができよう。

それは、政府が推進しているＬＣＧＣ（Low Cost Green Car 低価格・環境対応率）政策が主な推進役となっている。ＬＣＧＣ政策では、車両価格、環境性能に加えて、部品の

アセアン（5カ国）における自動車生産台数

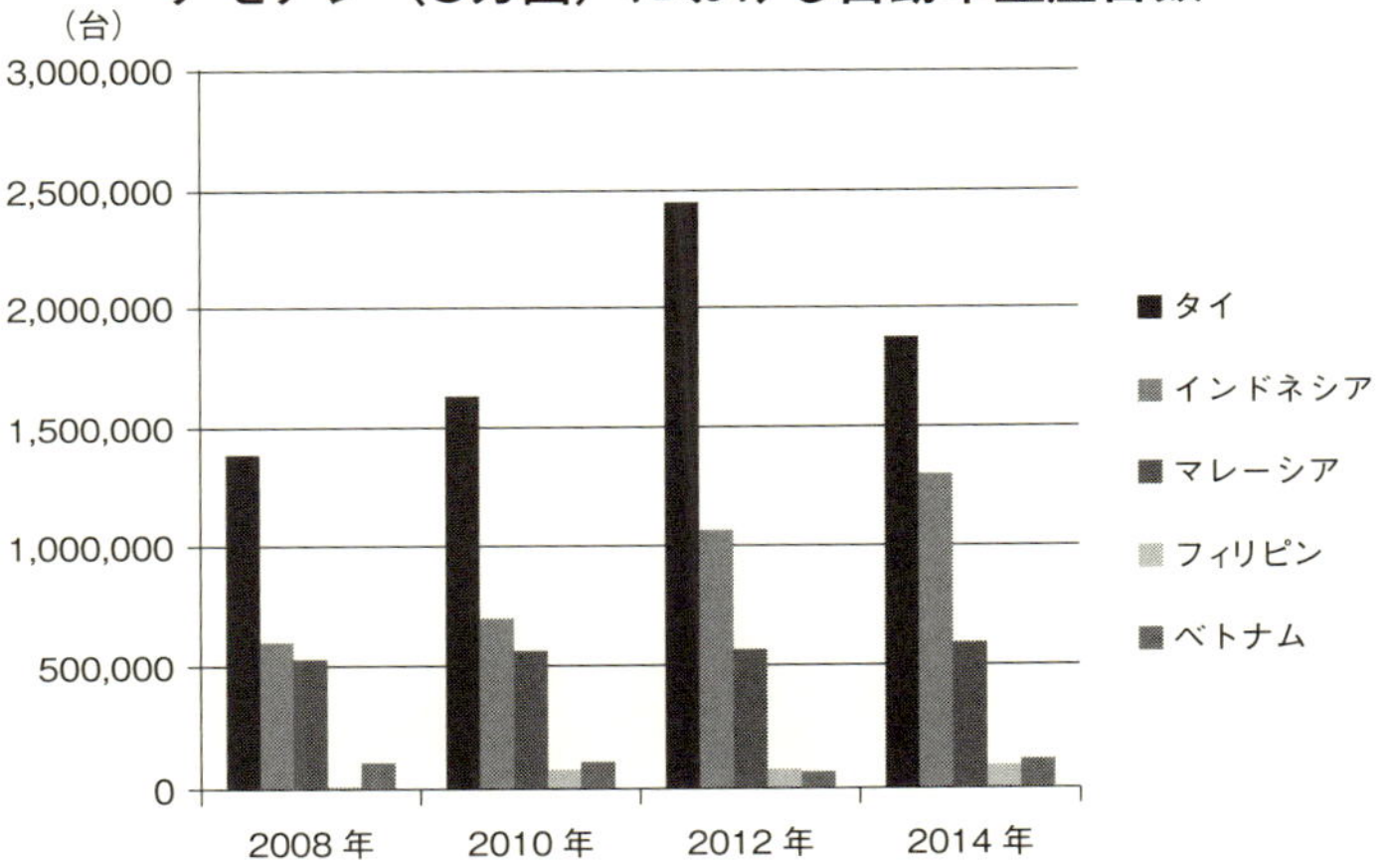

出典：ASEAN AUTOMOTIVE FEDERATION STATISTICS 2008 ～ 2014.
注：フィリピンに関しては、2008年の統計はなし。

現地調達率が八〇％を超えていることが条件となる。この基準を満たすために、日系の部品企業の進出が積極的に展開され始めている。

輸出に関しては、現在タイほどの大きな比率は占めていないが、アセアン内では競合しないＭＰＶ車やＳＵＶ車を輸出しているので、今後伸びる可能性は大きい。

また、新車需要が旺盛な中近東への輸出も伸びる可能性もある。また、日系メーカーを中心にＬＣＧＣモデルを投入する準備を進めている。

「三強」の最後になるマレーシアの場合だが、二〇〇八年から二〇一四年まで約五三万台から六〇万台に変化するが、微増にとどまっているというのがこの間の特徴である。マレーシアの自動車産業がほかのアセアンの自動車産業と著しく異なる点は、この間、国民車構想を追求してきた点にある。

マレーシア政府は、一九八三年には三菱の支援を受けてプロトン社を、一九九三年にはダイハツの支援を受けてプロドゥアを設立、両社はマレーシアで六〇％以上の高いマーケットシェアを保持してきた。

これと関連し部品企業もブミプトラ（地元民）政策の一環で、マレー系マレーシア人の経営する企業が優先的に参入機会を与えられたことも手伝って、保護的な政策が展開されてきた。

しかし、二〇〇〇年代半ばのＡＦＴＡ加盟以降、国内産業保護から対外開放政策に転ずるなかで、海外メーカーの車との競争を余儀なくされ、プロトンは、品質、価格競争に敗退してシェアを失っていった。プロドゥアはダイハツの支援を受けて、小型車中心の車種展開ゆえにシェアを保持、二〇〇六年にはプロトンを抜いてマレーシアでのシェア第一位を獲得した。

このほか、組立工場があるフィリピンとベトナムを見てみると、二〇一二年までは両国ともに一〇万台以下で、二〇一四年にベトナムの生産台数が約一二万台と、かろうじて一〇万台を超えた。二〇一八年以降、いかに推移するかは予断を許さない状況である。

なぜなら、フィリピンは二〇一五年以降、ベトナムは二〇一八年以降、アセアン内での

アセアンの販売台数シェア

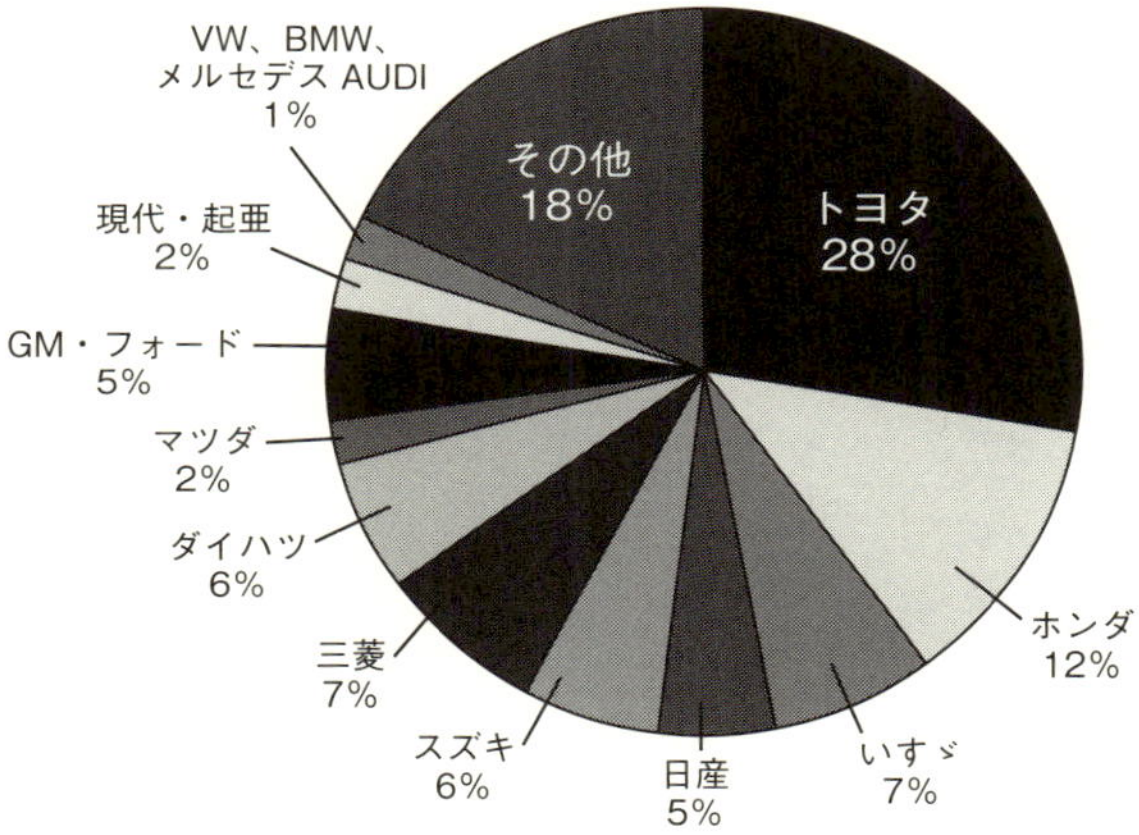

出典：FOURIN『アジア自動車調査月報』2014年2月号。

自動車部品のみならず完成車も輸入関税がゼロとなるので、相対的に競争力が強いタイやインドネシアからフィリピンやベトナムへの完成車輸出が増加し、国内生産が厳しくなることが予想されるからである。

現にフィリピンでは、日系のホンダや米系のフォードは、主力車種の生産を中止してタイに生産移管を行った。部品産業の成長の遅れが、現地生産でのコスト高を誘引し、国際競争力を減じているからにほかならない。

韓国系メーカーは、商用車の一部でCKD生産を実施している。ベトナムでは日・欧・中・韓の各国企業が現地生産を行っている。高い関税障壁のため、シェアを守るためには現地生産に踏み切らざるを得なかったからである。

しかし、その関税障壁が撤廃されれば、不

利な条件での現地生産は、国際競争力を失って撤退せざるを得ない状況も生まれている。

自動車メーカーのアセアン戦略

では、世界の自動車メーカーはアセアン市場でいかなる位置を占め、いかなる戦略を展開しているのか。前ページの図が示すように、アセアン市場では依然として日本メーカーが大きなシェアを有している。一方で、二〇〇〇年以降韓国やドイツ勢もアセアンに進出してきている。

ここでは、自動車メーカーのアセアン戦略を（1）「自社展開戦略を採る外資メーカー」、（2）「アライアンスを組む外資メーカー」、（3）「国民車戦略を採る地場企業」、（4）「外資委託生産戦略を採る地場企業」の四種類に分類しながら述べていくこととしよう。

(1)自社展開戦略を採る外資メーカー

まず、ここで取り上げるトヨタ、ダイハツ、ホンダ、三菱、日産の五社のアセアンでの販売、生産の位置を確認しておこう。

トヨタのIMVの中核を成すピックアップトラック「ハイラックス」。IMVシリーズは、アセアンの道路・環境状況に適合したシャシーやボディ構造など「ハイラックス」をベースに開発されており、その派生モデルとしてSUV「フォーチュナー」、MPV「イノーバ」がある。IMVシリーズは2015年よりフルモデルチェンジを開始し、新開発のラダーフレームとディーゼルエンジンを搭載している。写真はフィリピンで販売されている最新型モデル。

トヨタはアセアン市場では最大のシェアを有する企業である。アセアン市場進出も他社と比較すると早く、一九六二年にさかのぼる。六四年にはピックアップトラックの前身にあたるボンネット型のトラックの「スタウト」の生産を開始している。タイを皮切りにその後フィリピン、マレーシア、インドネシア、ベトナムへと進出、現地生産を行ってきた。当初は日本で生産販売していた車種の現地生産を行っていたが、次第に東南アジア事情に適合的な車種の開発を推し進め始めた。現在ではアセアン内の部品相互供給体制を活用したＩＭＶ（Innovative International Multipurpose Vehicle 革新的国際多目的車）の生産基地としてこの地域を位置付けている。トヨタはプラットフォームやトランスミッションを統一化し、タイではピックアップトラックの「ハイラックス」を、インドネシアではMPVの「イノーバ」を生産している（トヨタ自動車HP）。トヨタはアセアンでは小型車から大型車まで幅広いラインアップで生産を展開している。

インドネシアではトヨタ系列のダイハツが小型車生産・販売で活動しており、この分野で長年の蓄積をもつ同社は、低燃費で使い勝手の良いモデルで勝負している。車種で見ると小型MPVではトヨタの「アバンザ」がダイハツでは「セニア」として、LCG車の小型ハッチバック車のトヨタの「アギア」はダイハツ名「アイラ」として販売されている。

アセアンではホンダは二輪車メーカーとしてのブランドは確立しているが、四輪車の分

ダイハツは、日本の軽自動車で培った軽自動車の技術を用いて、インドネシアを主要マーケットとし、その実力をいかんなく発揮している。写真のモデルはインドネシアで最も人気の高いダイハツの小型MPV「セニア」である。同車は後輪駆動（FR）方式を採用し、小排気量（1.0Lから1.3L）でも十分な性能が引き出せる設計となっている。室内は3列目シートこそ若干狭いものの、2列目シートの空間は充分な余裕がある。インテリアデザインはシンプルながらも利便性が高く、初めてのマイカーとしても相応しい車であると思われる。なお、「セニア」はトヨタブランドでは「アバンザ」名を冠し、トヨタのエントリーモデルとして併売される。

ホンダはアセアン市場では乗用車に特化している。ホンダは、上級セダン「アコード」やクロスオーバー SUV「CR-V」など従来は中価格帯以上の車種が主流であったが、2011年にタイで販売された低価格小型車「ブリオ」からアセアン市場でニーズが高い商品の投入に積極的である。写真のMPV「モビリオ」は2014年にインドネシアでの生産・販売を皮切りに、タイなどにも投入されている。同モデルは7人乗りで、価格以上の快適性と、最低地上高を引き上げ、急な洪水や悪路走行にも耐えうる構造になっている。

野でも小型戦略車の「ブリオ」や「ジャズ」、セダンの「ブリオアメイズ」、SUVの「CR-V」などの販売に注力している。

日産の傘下に入った三菱だが、アセアン市場進出の歴史はトヨタと共に古い。すでに一九六〇年代からタイ工場の建設、マレーシアのプロトンとの提携などを通じてアセアン進出を図っていた。同社は、SUV「パジェロ」など大型で悪路性能が高い車作りで販路を広げ、ピックアップトラックの「トライトン」やそれをベースにした「パジェロスポーツ」などを販売して来た。三菱は、タイをアセアンの域内販売のみならず、輸出拠点と位置付けて重視しており、二〇一二年には小型車の「ミラージュ」とセダンの「アトラージュ」を投入し、日本向けモデルを含めてタイで生産している。三菱は、アセアンでの生産拡大には意欲的で、フィリピンでは、老朽化した自社工場を閉鎖し、フィリピンからタイに撤収したフォードの工場を引き取り、新たに改修して二〇一五年から稼動させ、インドネシアでも二〇一七年の稼働を目標に新工場の建設を進めている。

次に日産を見てみよう。日産はタイとインドネシアに生産拠点を持つが、それ以外にマレーシアのタンチョンなどの地場企業と組んでCKD生産でマレーシア、ベトナムさらにはミャンマーで活動を広げている。販売車種は小型車の「マーチ」、セダンの「サニー」、「シルフィ」、「ティアナ」、SUVの「エクストレイル」、「ジューク」、ピックアップトラックの「NP300ナバラ」などである。

日産は、タイ工場を生産輸出拠点と位置付けて小型車の「マーチ」をアセアン諸国と日本向けに輸出している。また日産は二〇一四年に新工場をタイに立ち上げて、新型ピックアップトラックの「NP300ナバラ」の生産を開始した。またミャンマーにも日系企業の中では迅速に進出を決定した。生産は、マレーシアのタンチョンが担当し、二〇一五年から「サニー」を販売する予定だったが、計画が遅延している。

スズキは、インドではシェア一位の実績を有するが、アセアンを次期の成長市場と位置

三菱ブランドは、アセアンにおいてその人気が非常に高い。また、三菱自動車の経営・販売戦略では欧米の工場を閉鎖し、逆にタイとフィリピンで同社が得意とするSUVを生産し、インドネシアでは2015年中にMPVの生産を予定している。写真は小型ハッチバックの「ミラージュ」をベースに、セダン型に改良した「アトラージュ」である。同モデルはエントリーカーとして、低燃費且つ手頃な価格設定から、都市型ファミリー層と若年層にも人気である。

日産が販売するピックアップトラック「NP300ナバラ」。同モデルは日産が近年力を入れている商用車づくりの先駆者的存在で、ピックアップトラック人気の高いタイで初めて生産・販売が開始された。日産は同モデルの開発にあたって、室内の快適さを追求し、ライバルであるトヨタ「ハイラックス」、三菱「トライトン」などと比べ、インテリアデザインをより乗用車ライクなものに仕上げている。生産面でも日産は同モデルの製造を強化すべく、タイで第二工場を開設し、ピックアップトラック生産のハブ工場と位置付けている。

付けてインドネシアやベトナムで四輪車生産を行ってきたが、二〇一二年からタイで主力車「スイフト」の生産を開始した。さらに二〇一四年にはタイで小型車の「セレリオ」を生産し、輸出を開始した。また、スズキは小型車生産に強い競争力を持つことからMPV車の「エルティガ」の販売に力を入れている。スズキは、ミャンマーのヤンゴン南の港湾に隣接するティラワ経済特区で新工場の建設を計画している。

(2)アライアンスを組む外資メーカー

アセアンで日系のいすゞはGM、マツダはフォードと、韓国の現代・起亜はチュオンハイとアライアンスを組んで生産販売戦略を展開している。ここでは、三つのケースを紹介しておこう。

まずはいすゞとGMである。いすゞのアセアン進出の歴史は一九六六年のタイ進出と現地組立子会社の設立に始まる。その後一九八三年にはインドネシアでエンジン組立会社を設立、その後フィリピン、マレーシア、ベトナムに進出した。いすゞは、日本国内ではトラック生産メーカーとしてその名を知られているが、アセアン市場ではピックアップトラックやそのモデルをベースにしたSUV車の生産販売で知られている。いすゞのアセアン

いすゞのピックアップトラック「D-Max」。同モデルはいすゞのアセアンにおける最も売れ筋商品であり、トラックメーカーならではの耐久性に優れたエンジンとともに、力強い内外装デザインがアセアンで人気である。開発はいすゞ主導ではあるものの、GMと共同で行われており、兄弟車としてシボレーの「コロラド」として販売されている。

での最大の生産拠点はタイであり、ここでピックアップトラック「D-Max」をアジア、中東、欧州、アフリカ地域に輸出している。アセアン内でいすゞは、タイ以外にインドネシアを新興国向けトラックの輸出基地と位置付けて、活用していく戦略を推し進めている。実は、こうした戦略をいすゞはGMと連携して推し進めている。いすゞとGMの資本提携は一九七一年から始まった。いすゞはGMの開発力、資金力、販売網の活用に期待をかけたし、GMはいすゞの持つディーゼルエンジン技術や商用車開発力に着目していた。両社は二〇〇〇年にMPV車「パンサー」を開発、二〇〇一年にはグローバル車「D-Max」を市場に送り出した。二〇〇六年にGMの経営状態が悪化し、両社の資本関係は途絶したが、しかし、技術、開発協力関係はその後も継続している。それは、両社ともに新興国市場での販売を伸ばすことを目標としているからである（いすゞ自動車ホームページ）。

二番目はマツダとフォードの連携である。マツダは、一九七五年にタイで生産を開始した。その後フォードがマツダの株式の二五％を取得したことから、マツダのアセアン進出もフォードとの資本提携を活用した展開となっていった。そして一九九八年には両社の共同出資でタイにピックアップ工場を建設した。またフォードは二〇〇四年にはフィリピンで工場を立ち上げ、マツダ車の生産を開始した。しかしフォードの経営不振とともに二〇〇八年から二〇一〇年にかけて同社の出資比率が減少するとともにマツダのアセアン戦略にも変化が現れる。マツダは単独で二〇一三年にタイに新たにトランスミッション工場を設立し、二〇一五年には「スカイアクティブ・テクノロジー」車の生産が開始された。またマレーシアとベトナムでは、それぞれ現地組立メーカーのイノコムとチュオンハイに生産委託した車生産を展開した（マツダニュースリリース「オートアライアンス・タイランド社が量産開始」一九九八年七月一日、同上「マツダ、タイの新トランスミッション工場で量産開始」二〇一五年一月一三日）。

フォードは、「アメリカ車の持つタフさ」や「大胆なデザイン」を背景に、アジア勢とは異なった印象をユーザーに与えている。特に写真のピックアップトラック「レンジャー」は、日本メーカーが近年ピックアップトラックにも乗用車的なイメージを追求しているのに対し、フォードは元来ピックアップトラックが持つキャラクターを全面に押し出している。小型車では、欧州フォードが開発したハッチバックの「フォーカス」、「フィエスタ」を販売している。

アセアンでのマツダの特徴は、他の日本ブランドと比較して、スポーティーな走りとプレミアムブランドとしての認識が高いことにある。商品群は日欧米と共通の車種をメインに販売しつつも、スタイリッシュでマツダらしさを追求したピックアップトラック「BT－50」がラインナップされる。また、小型車では「マツダ2」（日本名、デミオ）にはセダンタイプも追加されており、マツダのアセアン重視の姿勢が垣間見れる。写真はSUV「CX-5」。

資本提携下のマツダとフォードは、共通のプラットフォームを活用した新車開発を展開し、ピックアップトラックではマツダの「BT-50」はフォードではデザイン、仕様が変更されて「レンジャー」として販売された。同様に小型車ではフォードの「フィエスタ」が「マツダ2」（デミオ）として市場に投入された。

しかし、両社の連携が薄まるにつれてマツダは、自社開発の燃費性能に優れた「スカイアクティブ・テクノロジー」搭載車をアセアンに投入し始めている。マツダは、現地専用車を自社では生産せず、日本で発売されている「マツダ3」をタイで、SUV車の「CX-5」をマレーシアで生産している。

他方、フォードもピックアップトラックの「レンジャー」とその派生SUV車の「エベレスト」以外は、自社技術で固めたラインアップを作り上げてきている。タイの小型車の「フィエスタ」、中型ハッチバック車「フォーカス」は欧州フォードの技術が盛り込まれているし、「エベレスト」の新モデルにはオーストラリアでの技術開発が盛り込まれているという（Response「フォード、エベレスト　新型を発表：アジア重視のSUV」二〇一四年一一月）。

三番目は現代・起亜とチュオンハイの連携である。現代・起亜はアセアンでは存在感が薄い。特に日系が主流を占めるタイやインドネシアではその傾向が強いが、二〇〇〇年以

ここ最近、世界的にみてもデザイン性が高く評価されるのが韓国の現代・起亜ブランド車である。特に、起亜は元VWのデザイナーでドイツ人のペーター・シュライヤー氏を起用し、個性的で力強いデザインが特徴的である。これらの現象はアセアン、特にベトナムやフィリピンも同様で、小型車とSUVのセグメントでは益々その人気ぶりが高まりつつある。また、現代・起亜はミャンマーやラオスなどのCLMV諸国でもいち早く新車ディーラーを開設し、スピード感のある販売戦略が特徴である。写真のモデルは左がセダン「オプティマ」、右が小型ハッチバック「ピカント」（ベトナムでは「モーニング」）

降フィリピンやベトナムといった新興国市場で急速にその存在感を強め始めている。特に現代の小型セダンの「アバンテ」、起亜の「モーニング」ＳＵＶの「ソレント」などの人気が高い。

　では、生産面はどうかといえば、韓国からの輸出が主で、現地生産は地場企業の委託生産に委ねている。ベトナムでは、チュオンハイが生産する起亜の「ピカント」が人気車種である。

　さらにはラオスでは、韓国系の地場企業のコーラオに生産委託してシェアトップを確保し、カンボジアではタイ国境に近いコッコン

現代のSUV「サンタフェ」。同モデルは欧州車と見間違えるエレガントなエクステリアが特徴的である。インテリアのデザインも機能的で上質感があふれている。現代車では、この他にもハッチバック、セダン、バンタイプのモデルがラインナップされている。また、前述した起亜の各モデルは現代の車両がベースとなっている。起亜が斬新的なデザインなのに対して、現代のそれはよりカジュアルで機能美を重視している。販売面でも日本勢に負けじと法人向け営業に力を入れており、シンガポールのタクシーの多くは現代車である。

経済特区で自動車組立工場を有し活動している。

四番目は中国メーカーである。アセアンへの進出では、中国大手の第一汽車、東風汽車、上海汽車、奇瑞汽車、長安汽車、長城汽車の動きが顕著である。主だった動きを見ると、上海汽車は傘下の南京汽車が買収したイギリスの老舗自動車メーカーのＭＧのブランド車「ＭＧ６」の生産をタイで開始した。生産に際しては、タイの財閥企業のチャロン・ポカパングループ（ＣＰグループ）と共同で工場を設立して生産を開始した。タイで生産される「ＭＧ６」は、タイのみならずアセアン全域での販売を想定しており、将来的にはタイからの輸出を計画している（ＮＮＮ　ＡＳＩＡ　二〇一四年六月六日）。また、奇瑞はアセアン市場への積極的進出を計画している。奇瑞は、ミャンマーではＣＫＤ生産を、マレーシアでは現地企業のアラドと合弁で同じくＣＫＤ生産を実施している。また奇瑞はフィリピンでもCKD用の新工場を計画している（NNN ASIA 二〇一四年三月二九日）。次に長安汽車だが、同社は二〇一一年からマレーシアで同国の財閥のペルジャヤと共同で小型ピックアップトラックの生産を行っている。販売車種は一種類だけだが、マレーシアには競合他社がなく、中国でのビジネス経験をアセアンでも展開していくものと思われる（AsiaX 二〇一一年一一月二五日）。

最後に長城汽車の活動を見ておこう。長城汽車の主力製品はSUVとピックアップトラックである。同社は、アセアンのみならず欧州やアフリカ地域でもCKD生産を志向している。アセアンでは、マレーシア、インドネシア、ベトナム、フィリピンなどでCKD生産を計画している。タイにおいても二〇一五年をめどに工場建設を予定していたが、政治的混乱のため現地生産への道を延期している。マレーシアでは、合弁相手のゴー・オートモービル・マニュファクチャリングと共同してEEV車（Enhanced Environmentally Friendly Vehicles 環境優良車）の生産をケダ州の工場で立ち上げる予定である（マレーシアナビ 二〇一四年四月一〇日、マレーシアナビ 二〇一四年七月一五日）。

五番目は欧州系メーカーの動きである。ここではドイツのメルセデスベンツ、BMW、VWとフランスのプジョーとルノーの動きに関して言及しておこう。メルセデスベンツは、マレーシアではDRBハイコムと、タイではトンブリーグループと主力セダン「Cクラス」、

「Eクラス」のCKD生産を行っている。また、BMWもタイで主力セダンの「3シリーズ」「5シリーズ」「7シリーズ」とSUVの「X1」「X3」とSUV「カントリーマン」を生産しており、マレーシアではイノコムとインドネシアではGaya Moterとの現地組立工場に「3シリーズ」「5シリーズ」の生産委託を行っている（Daimler AG "DRB- Hicom Thonburi Automotive BMWホームページ）。では、VWはいかなるアセアン戦略を展開しているのか。VWはマレーシア、インドネシア、タイで生産活動を展開している。マレーシアではDRBハイコムと事業提携を実施し、セダンの「パサード」、「ポロセダン」「ジェッタ」、ハッチバック車の「ポロ」を生産し、アセアン地域への輸出を志向している。インドネシアではインドモービルの工場でハッチバックの「ゴルフ」とゴルフベースのMPVの「トゥーラン」の生産を行っている。加えてVWはジャカルタ近郊に工場用地を確保し三年以内の稼働を目指している。VWはタイでの生産も活発化させている。VWはタイでの第二期エコカープログラムへの参加を表明し、二〇一九年までにはレムチャバン港近郊に工場を建設する予定だといわれている（NNA ASIA 二〇一三年一二月六日、NNA ASIA 二〇一四年六月一〇日　VWグループ　ホームページ、「日本経済新聞」二〇一四年九月二日）。ドイツメーカー以外の欧州勢というとフランスのプジョーとルノーだが、二〇一〇年以降進出を積極化させている。プジョーはマレーシアで地場自動車メーカーのナザに委託して小型車「206」と「207」を生産している。そのほかプジョーはセダン車「408」を委託生産するなど共同戦略を強化している。またベトナムでは、地場国営企業のチュオンハイに委託して二〇一三年から「408」のCKD生産を開始している（autosurvey.jp「ナザとプジョーが提携強化、「408」の生産へ」二〇一〇年一二月七日）。他方ルノーだが、マレーシアでルノー日産のアライアンスを活用して、タンチョンでのCKD委託生産を開始した。ルノーのセダンの「フルエンス」を二〇一四年五月から生産開始したが、これは韓国のルノーサムスンの開発したモデルである。また、欧州から輸入したルノーの主力車である「メガーヌ」も販売している（タンチョンモーター、ルノーグループホームページ）。

(3) 国民車戦略を採る地場企業

次に地場企業の紹介に移るが、まず地場企業のなかで、国民車生産を志向したマレーシアのプロトンとプロドゥアの事例を見ておこう。

プロトンの設立は一九八三年である。プロトン誕生の背景には当時のマハティール首相の「ルックイースト」政策の重工業政策の一つとして、マレー系マレーシア人の経済を優遇する「ブミプトラ政策」の推進が付随していたことである。プロトンは、マレーシアの重工業を推進するために設立されたＨＩＣＯＭと三菱連合（三菱自動車・三菱商事）の七対三の出資比率で設立された。技術部門は三菱自動車が担当した。政府の税制面での優遇措置もあり、マレーシアでのシェアは一九九〇年代までは六割から七割に達していた。ところが二〇〇〇年代に入りＡＦＴＡが締結され、市場開放が進む中で、積極的な外資導入で生産性を上げていったタイやインドネシアとの競争に敗れて次第にシェアを下げて二〇一〇年には五割を割る状況となった。また、二〇〇五年には三菱との資本関係を切って、新たな合弁相手をＶＷ、ＧＭ、プジョーなどに求めたが、成功せず現在に至っている。二〇一四年にはマハティール元首相が会長に就任し、てこ入れを開始したが、見通しは明るくない。（プロトンホームページ）。

プロトンと並ぶ第二国民車生産企業のプロドゥアは一九九三年にダイハツとの提携で設立された。同社の株式比率（二〇一五年現在）は、ダイハツが二五％、三井関連が七％で日系合計が三二％を占める。残りの六八％はＵＭＷ（United Motor Works）を筆頭にマレーシア政府関連が占めている。同社は二〇〇六年にプロトンを抜いて国産車メーカーでは国内シェアトップに躍り出た。現在マレーシアで一番人気を誇る小型車は「マイヴィ」で、インドネシアへはダイハツ「シリオン」として輸出されている。プロドゥアは、マレーシア政府のＥＥＶ（Energy Efficient Vehicle）政策に応ずるために二〇一四年に「アジア」を売り出したが、それはダイハツがインドネシア向けに販売した環境車「アイラ」をマレーシア仕様に変更したものである（ダイハツプレスインフォメーション「ダイハツ、マレーシアで新型国民車「アジア（ＡＸＩＡ）」の販売を開始」二〇一四年九月一六日）。

(4) 外資委託生産戦略を採る地場企業

外資委託生産戦略を採る地場企業の実態を見ておくこととしよう。これはアライアンスを組む外資系企業の動向を地場企業側から見るということでもある。そうした地場企業の代表はマレーシアのタンチョン、ベトナム最大の地場企業であるチュオンハイ、フィリピン、カンボジア、ミャンマーの財閥企業や軍企業などがそれに属する。

タンチョンは一九五七年に設立されたが、七四年に証券取引所に上場し法人化された翌々年の一九七六年に日産ブランド乗用車のＣＫＤ生産を、七七年には日産ディーゼルのトラックのＣＫＤ生産を、九四年には日産車の輸出を、ルノー日産アライアンス後の二〇〇四年にはルノー車のＣＫＤ生産を手掛けている。タンチョンは、プロトン社が設立される一九八三年まではマレーシアで大きなシェアを確保していたが、プロトン社設立以降は

タンチョンがベトナムで生産する日産「サニー」
「サニー」は日産を代表する小型車「マーチ」のセダンバージョンである。デザイン面ではややスポーティー性に欠けるものの、後部座席が広く、そして、トランクルームが大容量であることから、ベトナムではタクシー会社向けにも販売を進められている。

同社にシェアを侵食される形で縮小を余儀なくされ、二〇一三年には七％台にまで下落した。主に日産やUDトラックスをメインに二〇一二年から富士重工業や三菱SUV車のCKD生産を行っている。タンチョンはスランゴール州スレンダーとクアラルンプール市北部のスカンブットに工場を有し、さらにスランゴール州のシャアラムに第三工場の建設を進めている。ベトナムでは、販売店とCKD生産工場を有し、活動しているし、ラオス、カンボジアでは、日産ブランド車の販売権を獲得し、ミャンマーでは二〇一五年以降バゴー管区内のタンチョン工場で日産車の生産準備を行っている（タンチョンモーターホームページ、タンチョンモーター提供資料）。

チュオンハイオート（チュオンハイ）は一

九九七年にドンナイ省ビエンホアに設立されたベトナムを代表する自動車企業で、乗用車、トラック、バスを生産し、従業員は約七〇〇〇人でベトナム全土七〇カ所以上の販売サービス拠点を有している。二〇〇三年にはベトナム中部のダナンに工場を建設した。そして二〇一四年上半期のチュオンハイの乗用車のマーケットシェアは三二・五%を占め、トヨタの三〇・六%を抜いてトップとなった。ダナン工場では、韓国の起亜、日本のマツダ、フランスのプジョー車のCKD生産を行っている。従業員は四〇〇〇人。主要部品は、CKD部品として搬入されるが、そのための港湾埠頭と倉庫を有し、ワイヤーハーネス、シート、トラック用フレームを生産する二三社の部品企業が集まり、最終組立工場、作業者訓練所などが用意されている。

チュオンハイが生産しているのは起亜、マツダ、プジョーのCKDだが、まず、起亜の状況を見ておこう。チュオンハイは二〇〇八年の小型車「モーニング」を手始めに〇九年にはMPV車の「カレンス」、一〇年には「フォルテ」、一一年には「ソレント」を生産している。プレス装置がないためボディ骨格をコンテナで、他のエンジン、トランスミッションなどの主要部品も韓国から運んでいる。マツダは、同社と生産・販売統括会社のヴィナマツダ社を設立し、二〇一一年に日本から「マツダ2」「マツダ3」「マツダ6」「CX-9」を輸入し、タイからピックアップトラックの「BT-50」を輸入し、ベトナムで販売した。さらに二〇一一年からダナンで「マツダ２」のＣＫＤ生産を開始した。現地生産に関してはマツダも起亜同様にボディや主要コンポーネントを日本と中国の工場から輸入している。最後にプジョーの事例だが、同社は二〇一三年にチュオンハイと輸入・販売契約を結んだ。同社は、「５０８」「３００８」の大型セダンはフランスからの輸入だが、中型セダンの「４０８」のＣＫＤ生産に踏み切った。この「４０８」は、プジョーが新興国市場仕様に開発したものだが、中国部品を多用しているといわれている。このほか、チュオンハイは、中国福田（ＦＯＴＯＮ）のトラックや現代のバスやトラックのＣＫＤ生産も行っている（チュオンハイ（ＴＨＡＣＯ）ホームページ、チュオンハイ広報誌「ＡＵＴＯＮ ＴＨＡＣＯ」２０１４）。

このほか、フィリピンにはアラヤ、リザール、コロンビアが稼働している。アラヤ、リザールはともにフィリピンのアラヤ財閥、ユーチェンコ財閥の自動車部門だが、いずれもいすゞとホンダ工場に出資している。コロンビアは韓国の起亜と大宇バスの商用車、ＵＤトラック、中国の江淮汽車の小型トラックの生産を実施している（「アジア自動車調査月報」Ｎo１０５ 二〇一五年九月）。

カンボジアでは、韓国の現代自動車代理店のＫＨモータースとカンボジアの財閥企業のリー・ヨン・パットグループ合弁のカムコ・モーターが現代自動車のＳＵＶの「サンタフ

チュオンハイが生産するマツダ「CX-5」
「CX-5」は現在マツダの最量販SUVである。同モデルは近年世界的に人気なクロスオーバーSUVで、ベトナムでもマツダが誇るスカイアクティブ・テクノロジーを採用したエンジンとマツダのスポーティーな走りがベトナムの消費者からも好まれている。

チュオンハイが生産する起亜「K3」
「K3」（韓国、ベトナム名で他地域では「フォルテ」）はCセグメントを代表する人気セダン、現代「アバンテ」の兄弟車で、排気量1.6Lをメインとしたモデルである。小型セダンでありながら、斬新な内外装デザインが人気を博している。

エ」やバンタイプの商用車「H-1」などをCKD生産している。また、ミャンマーではミャンマーオートモービルアンドディーゼルがインド企業のタタと組んでトラック生産に乗り出す計画で、財閥企業のセルゲプンアソシエート（SPA）は、日野と組んでトラック事業に乗り出す計画である（「アジア自動車調査月報」No90 二〇一五年六月）。

第5章

アセアンの将来と施策

二〇三〇年のアセアン経済

　これまでの章で見てきたように、アセアン諸国は、自動車や電子産業を中心とした製造業部門の急速な拡大によって、高い経済成長率を記録してきた。一九九七〜九八年におけるアジア通貨危機により大きな打撃を受けたが、為替レートの大きな切り下げなどを通じて急速に回復した。アジア通貨危機における経験からの教訓を学び、経済政策・体制を整備したことから、二〇〇八年の世界金融危機における影響は、ほかの国々と比べると軽微であった。

　本章では、これまで順調に発展・成長を遂げてきたアセアン諸国経済の将来について検討する。はじめに、アジア開発銀行による二〇三〇年のアセアン経済の予測を概観し、そこで描かれている順調な経済成長の実現にあたっての課題の検討と、それらの課題の克服にあたっての方策を考える。

　アジア開発銀行の予測では、アセアン経済の成長率は二〇一一年から二〇三〇年の二〇年間において、二〇一〇年までの二〇年間と比べるとわずかに減速するが、それでも世界経済の成長率よりも高いことから、世界経済におけるアセアン経済のシェアは上昇する（左

アセアン経済の将来（2030年）

	2010年				2030年				1991～2010年GDP成長率	2011～2030年GDP成長率
	人口（100万人）	GDP（10億ドル）	世界シェア（%）	1人当たりGDP（ドル）	人口（100万人）	GDP（10億ドル）	世界シェア（%）	1人当たりGDP（ドル）		
アセアン	592	1,860	3.00	3,141	704	5,531	4.34	7,857	5.8	5.6
ブルネイ	0	12	0.02	31,724	1	26	0.02	49,958	1.9	3.8
カンボジア	14	11	0.02	795	17	54	0.04	3,132	7.1	8.2
インドネシア	240	708	1.14	2,952	280	2,105	1.65	7,528	4.8	5.6
ラオス	6	7	0.01	1,158	8	32	0.03	4,160	6.6	7.8
マレーシア	28	238	0.38	8,373	37	694	0.54	18,619	6.1	5.5
ミャンマー	48	45	0.07	946	54	254	0.20	4,683	8.5	9.0
フィリピン	93	200	0.32	2,130	126	772	0.61	6,114	3.9	7.0
シンガポール	5	213	0.34	41,910	6	356	0.28	59,578	6.5	2.6
タイ	69	319	0.51	4,614	73	814	0.64	11,109	4.8	4.8
ベトナム	88	106	0.17	1,211	101	436	0.34	4,292	7.3	7.3
中国	1,341	5,931	9.55	4,421	1,339	23,382	18.34	16,784	10.5	7.1
インド	1,225	1,684	2.71	1,375	1,523	7,289	5.72	4,784	6.8	7.6
日本	127	5,488	8.84	43,374	120	6,831	5.36	56,820	0.8	1.1
韓国	48	1,015	1.63	21,063	50	1,943	1.52	38,597	5.3	3.3
台湾	23	430	0.69	18,683	23	873	0.68	37,978	5.3	3.6
その他アジア	503	931	1.50	1,849	653	3,279	2.57	5,019	n.a	6.5
米国	310	14,447	23.26	46,546	362	22,766	17.86	62,946	2.7	2.3
欧州	502	16,114	25.95	32,125	517	23,945	18.78	46,308	1.8	2.0
世界	6,641	62,104	100	9,352	7,960	127,475	100	16,014	2.8	3.6

注：2010年の数値および1991～2010年GDP成長率は実績値、2030年の数値および2011～2030年GDP成長率は予測値。

出所：アジア開発銀行、ASEAN,PRD,and,India:The Great Transformation,2014。1991～2010年GDP成長率は、ASEANについては、ADB,ASEAN 2030:Toward a Bordrless Economy Community, 台湾を除くその他の国地域については、World Bank,World Development Indicators on line、台湾については、APEC,StatsAPECより計算。

表参照（アジア開発銀行、ASEAN,PRC, and India: The Great Transformation, 二〇一四年）。また、高い経済成長率の達成によって、一人当たり国内総生産（GDP）も大きく増加する。以下では、これらの観察結果をより詳細に見てみよう。

アセアン経済は一九九一年から二〇一〇年にかけて年平均五・八％で成長した。これは、同期間における世界経済の平均成長率（二・八％）の二倍以上の高成長であった。ただし、アセアンの高成長も中国やインドと比べると見劣りする。

また、経済成長率はアセアン諸国間でも大きな格差があった。極めて高い成長率を記録したのは、ミャンマー（八・五％）、ベトナム（七・三％）、カンボジア（七・一％）、ラオス（六・六％）などの新規アセアン加盟国であり、それらの国々に続き高い成長率を記録したのは、シンガポール（六・五％）、マレーシア（六・一％）であった。

インドネシア（四・八％）、タイ（四・八％）、フィリピン（三・九％）の経済成長率はアセアン諸国の平均以下であり、伸び悩んでいた。ブルネイ（一・九％）の経済成長率は低水準であった。

二〇一一年から二〇三〇年の二〇年間のアセアン経済の予想年平均成長率は五・六％であり、二〇一〇年までの二〇年間に実現した五・八％よりもわずかであるが低いものの、世界経済の予想年平均成長率の三・六％よりもかなり高い。

アセアン諸国の経済成長率が世界の経済成長率を上回る結果、世界経済に占めるアセアン経済のシェアは、二〇一〇年の三％から二〇三〇年には四・三四％へと大きく増加する。ただし、中国及びインドの予想成長率はアセアンの予想成長率よりも高いことから、経済規模ではアセアンは中国から引き離され、また、インドには逆転されてしまう。

二〇一一年から二〇三〇年の二〇年間に関するアセアン諸国の予想成長率には、大きなバラツキがある。アセアン新規加盟国であるミャンマー（九％）、カンボジア（八・二％）、ラオス（七・八％）、ベトナム（七・三％）の国々については、高い成長率が予想されている。先発アセアン諸国のなかでは、フィリピン（七％）の予想成長率が高い。インドネシア（五・六％）、マレーシア（五・五％）、タイ（四・八％）の予想成長率はアセアン平均に近い。予想成長率が低いのは、ブルネイ（三・八％）とシンガポール（二・六％）である。

これらのアセアン諸国の予想成長率は、概ね、低所得国（一人当たりＧＤＰの低い国）において高く、高所得国において低い。その理由としては、予想成長率の決定においては、以下のような要因が考慮されているからである。

二〇年間といった長期間の経済成長率を決める要因としては、生産に必要な労働投入量、資本投入量、技術水準（全要素生産性）の三つの供給側の要因の動きが重要（全要素生産性の上昇は労働や資本の使用における効率性向上や技術進歩などによって実現する）である。経済成長（生産量の増加）は労働投入量の増加、資本投入量の増加、あるいは全要素生産性の向上によって実現する。一般的な傾向として、低所得国では人口増加率が高く、人口構成において労働力人口の割合が高いことから、労働投入量の伸びが高い。

また、アジア諸国においては、貯蓄率が高いことから、投資率も高く、その結果として資本投入量の伸びも高い。さらに、次節で説明するように、海外から直接投資が流入すれば、資本投入量はより一層大きく拡大する。全要素生産性の伸びに関しては、低所得国では上昇する潜在性が高い。というのは、技術水準が低いことから、技術水準を引き上げる余地が大きいからである。

アセアン諸国の一人当たりＧＤＰ平均値は、二〇一〇年から二〇三〇年にかけて、三一四一ドルから七八五七ドルへと二・五倍上昇する。二〇一〇年及び二〇三〇年共に、アセアン諸国で一人当たりＧＤＰが最も高い国はシンガポールであるのに対して、最も低い国はカンボジアであるが、その格差は、五二・七倍から一九倍へと大きく縮小する。

アセアン諸国を所得階層別に見ると興味深い傾向が見られる。二〇一〇年時点では、カンボジアとミャンマーは低所得国であるが、二〇三〇年になるとカンボジアは低中所得国、ミャンマーは高中所得国になる。ラオス、ベトナム、フィリピン、インドネシアは低中所得国から高中所得国へ転換する。

ちなみにOECDの開発援助委員会（DAC）による所得階層は、一人当たり国民総所得（GNI）を用いて以下のように定義されている。二〇一〇年時点で、低所得国は一〇〇五ドル以下、低中所得国は一〇〇六ドルから三九七五ドル、高中所得国は三九七六ドルから一万二二七五ドル、高所得国は一万二二七六ドル以上。ちなみに、本文では、GDPをGNIの近似値として用いている。

この基準でみれば、タイの一人当たりGDPは二・四倍拡大するが、タイは高所得国には仲間入りできず、高中所得国にとどまる。一方、マレーシアは中所得国の罠から解放され、高中所得国から高所得国へと移行する。ブルネイとシンガポールは、高所得国のポジションを維持する。

ちなみに、二〇三〇年における中国とインドの一人当たりGDPは、各々、一万六七八四ドルと四七八四ドルになると予想されている。中国の値はアセアン平均の二倍強、ほぼマレーシアの値に匹敵する。一方、インドの一人当たりGDPはアセアン平均よりもかな

アセアン、中国、インドへの直接投資

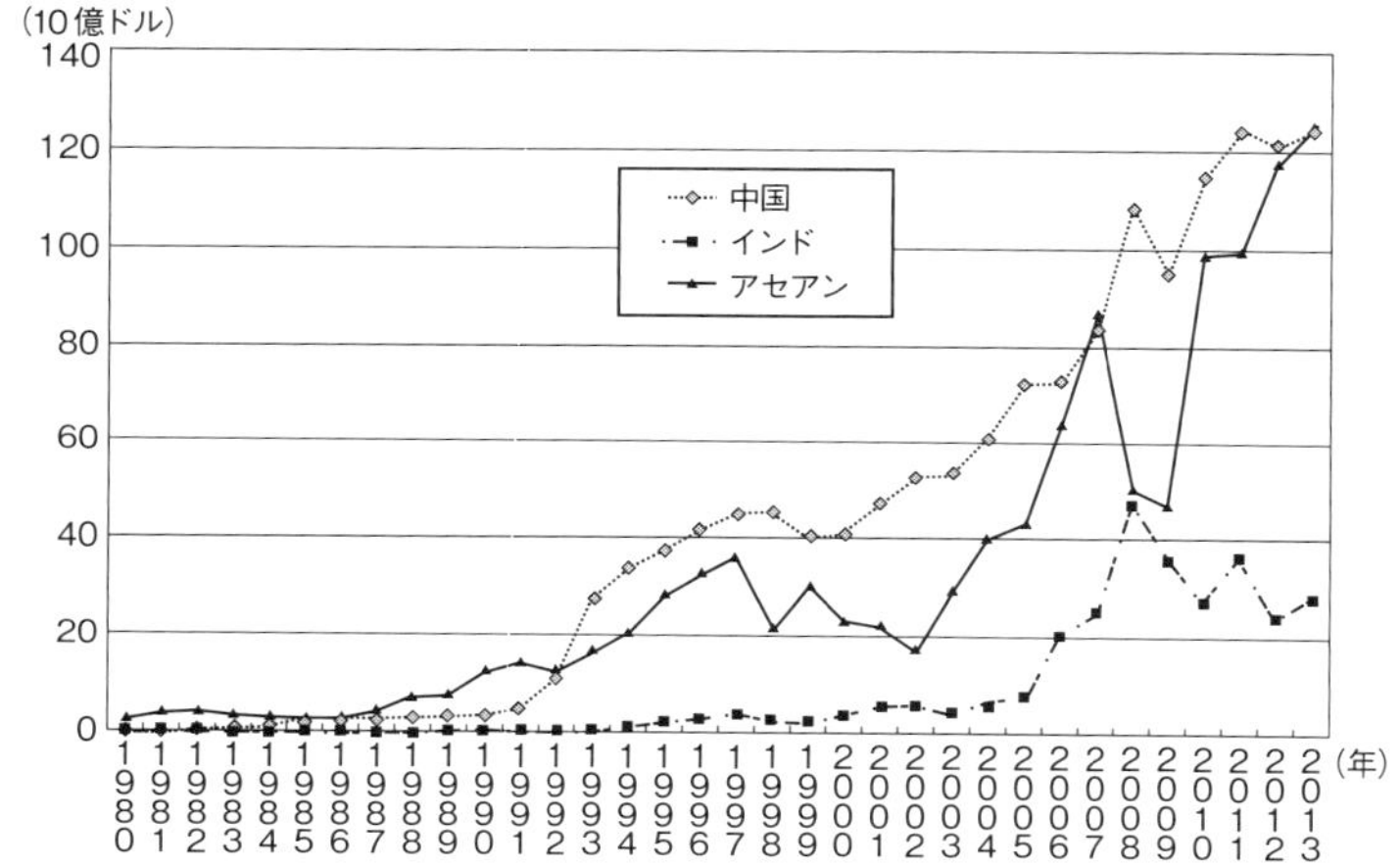

資料：UNCTAD、FDI Statisticsより作成。

り低く、アセアン新規加盟国の値に近い。

経済成長のカギとなる直接投資

アセアン経済の高成長を実現させた重要な要因の一つに、海外からの直接投資の大量の流入がある。アセアンへの直接投資は一九八〇年代後半から大きく拡大した（上図参照）。

一九八五年のプラザ合意をきっかけとした急速な円切り上げによって、輸出競争力の低下を余儀なくされた日本企業は、直接投資を用いて、生産拠点を日本からタイやマレーシアを中心とした先発アセアン諸国に移すようになった。

その後、為替レートの切り上げが進んだ

韓国や台湾からの企業も、アセアン諸国へ積極的に直接投資を通じて生産拠点を設立した。

先発アセアン諸国が、日本企業をはじめとして多くの外国企業による直接投資先として選ばれた理由としては、相対的に低い賃金の労働力が豊富に存在したこと、港湾など輸送インフラが整備されていたこと、直接投資に対する優遇政策を採用していたこと、などがある。

インフラの整備にあたっては、日本など先進諸国や国際機関からの援助が大きく貢献した。タイやマレーシアなどの賃金上昇によって、直接投資先が、次第にインドネシアやベトナムなどのほかのアセアン諸国へと拡散していった。

二〇一〇年以降、ミャンマー、カンボジアなどのアセアン新規加盟国が直接投資先として注目されている。アセアンへの直接投資は大きな振幅はあるものの、大きく拡大しているが、中国や二〇〇五年以降においてはインドへの直接投資も大きく伸びており、直接投資誘致に関しては、アセアンと中国及びインドとの間に競合関係が見られる。

外国企業による直接投資はさまざまなチャンネルを通して、アセアン諸国の経済成長に貢献してきた。直接投資は外国企業の所有する投資資金だけではなく、企業の操業や経済発展に重要な役割を担う技術や、経営ノウハウも投資国（投資企業）から投資受入国に移転する。

投資資金の受入れは、工場建設などの設備投資を通じて、生産や雇用を誘発する。さらに、直接投資によって設立された海外子会社が操業を開始すれば、生産や雇用が拡大するだけではなく、輸出や輸入も拡大する傾向が強い。輸出の拡大は、生産における規模の経済による生産効率の向上をもたらす一方、性能の良い機械や部品の海外からの輸入は、海外子会社の効率性・競争力を強化する。

また、海外子会社において、外国企業の優れた技術や経営ノウハウが使用されれば、直接投資受入国の生産性は上昇する。さらに、海外子会社で活用されている技術や経営ノウハウが現地企業に移転されれば（技術のスピルオーバー）、直接投資受入国の生産性はさらに上昇する。

このようにして、直接投資の受入れは、設備投資、生産、雇用、貿易などの拡大（量的効果）と共に、技術や経営ノウハウの移転による生産性向上（質的効果）を通じて、投資受入国の経済発展・成長に貢献する。

二〇〇〇年以降は、第二章で詳しく説明したように、生産において多くの部品や工程を使用する機械生産に従事する日本企業やほかの外国企業は、一カ所で一貫した生産工程体制を敷いていたが、生産工程を分解し（セカンド・アンバンドリング）、分解した工程をアセアン諸国や中国などにおいて、直接投資によって最適地に配置するというフラグメンテーション戦略を実施し、工程間分業生産体制を構築するようになった。

各工程で生産された部品は、工程間貿易によって組み立て拠点に集められ、完成品が組み立てられる。完成品の多くは、欧米諸国や日本などの先進諸国に輸出されているが、二〇〇〇年以降は、高成長により消費者の購買力が急速に拡大しているアセアンや中国などのアジアの新興国への輸出や現地販売が大きく拡大している。今後、高成長が予想されるアジア諸国への輸出や現地販売が拡大すると思われる。

工程間分業体制は、ほかの地域と比べて、アセアンや中国などの東アジア諸国において大きく発展しているが、その理由としては、前節で見たように、発展段階の大きく異なる国々が存在していることが挙げられる。

そのような状況において、単純労働を多く使う生産工程は、低賃金の単純労働が豊富に存在する発展途上国に配置されるのに対し、高度人材を必要とするような生産工程は、高度人材が豊富に存在するシンガポールのような高所得国に配置することが可能になる。また、輸送インフラが比較的よく整備されていることや貿易政策の自由化が進んだことも、生産工程間をつなぐ工程間貿易に係る費用の低下や時間の短縮をもたらし、効率のよい工程間分業体制の構築に貢献した。さらに、直接投資政策の自由化も外国企業による直接投資を推進し、工程間分業体制を拡大させた。

多くの先発アセアン諸国は、すでに電気電子産業や自動車産業における外国企業の工程間分業体制に組み込まれている。アセアン新規加盟国については、ベトナムはすでに多くの外国企業の工程間分業体制に組み込まれているが、カンボジア、ラオス、ミャンマーは、最近になって、繊維産業を中心として工程間分業体制に組み込まれるようになった。

今後のアセアン諸国における高成長の実現には、すでに工程間分業に組み込まれている国については、より高度な生産工程に組み込まれること、一方、工程間分業に組み込まれるようになった国については、より多くの産業や企業が工程間分業に組み込まれるようになることが必要である。

このような生産体制は、サプライチェーン、バリューチェーンなどとも呼ばれている。このような直接投資を契機としたアセアンの経済成長を支援するべく、開発戦略の面から政策の指針となる理論と計画を示したのが、ERIAが策定した『アジア総合開発計画二・〇』（CADP二・〇）である。

CADP二・〇は、二〇一五年八月の東アジアサミット経済大臣会合で発表され、同年一一月の東アジアサミットに提出された。CADP二・〇では、アセアン各国の工業化の段階を五つに分類した上で、それぞれの段階で必要となる開発戦略（インフラ開発政策、産業振興政策等）と共に、連結性とイノベーションのタイプも提示したものである。

引き続きアセアンにおいては、直接投資を地域に呼び込むことが経済成長の鍵となるであろうが、直接投資の経済効果を最大限に引き出すべく、CADP二・〇で示されているように、アセアン各国が直面するそれぞれの発展段階に合わせた開発政策を策定し、発展の段階を着実に登っていくことが期待されている。

アセアンの投資先としての魅力と問題点

アセアンにおける高成長の実現にあたっては、直接投資のより一層の受入れが重要なカギを握っている。直接投資を行う外国企業は、投資先としてアセアンをどのように見ているのであろうか。以下では、外国企業のなかでも、情報入手が比較的容易な日本企業に関して、アセアンの魅力及び問題点を探ってみよう。

162ページの図には、国際協力銀行が海外子会社を三社以上所有する日本の製造企業を対象として毎年度行っているアンケート調査の結果から明らかになった、日本企業にとっての中期的（今後三年程度）に有望な投資先国・地域の上位二〇位についての推移が示されている。

同図に記載されている数字は、アンケートに回答した企業のなかで、当該国を選択した

日本企業にとっての中期的（今後3年程度）有望事業展開先国・地域・得票率（%）の推移

	2001年度調査		2005年度調査		2010年度調査		2014年度調査	
回答社数		401		483		516		499
1位	中国	81.5	中国	82.2	中国	77.3	インド	45.9
2位	米国	31.7	インド	36.0	インド	60.5	インドネシア	45.7
3位	タイ	24.7	タイ	30.8	ベトナム	32.2	中国	43.7
4位	インドネシア	14.0	ベトナム	27.1	タイ	26.2	タイ	35.3
5位	インド	13.0	米国	19.9	ブラジル	24.6	ベトナム	31.1
6位	ベトナム	12.0	ロシア	12.8	インドネシア	20.7	メキシコ	20.2
7位	台湾	11.0	韓国	10.8	ロシア	14.5	ブラジル	16.6
8位	韓国	8.2	インドネシア	9.3	米国	11.2	米国	13.2
9位	マレーシア	8.0	ブラジル	7.5	韓国	5.8	ロシア	12.0
10位	シンガポール	6.0	台湾	6.6	マレーシア	5.6	ミャンマー	11.0
11位	フィリピン	5.5	マレーシア	4.8	台湾	5.6	フィリピン	10.0
12位	ドイツ	4.7	メキシコ	3.3	メキシコ	4.8	マレーシア	9.2
13位	ブラジル	4.5	ドイツ	2.9	シンガポール	4.1	トルコ	5.2
14位	メキシコ	4.5	フィリピン	2.7	フィリピン	2.7	シンガポール	5.0
15位	フランス	4.2	シンガポール	2.5	オーストラリア	1.6	カンボジア	4.0
16位	チェコ	3.7	チェコ	2.5	バングラデシュ	1.6	韓国	4.0
17位	英国	3.5	英国	1.9	トルコ	1.6	台湾	3.8
18位	ハンガリー	3.0	ポーランド	1.9	ドイツ	1.4	ドイツ	1.8
19位	ポーランド	2.7	フランス	1.7	英国	1.2	フランス	1.4
20位	香港	2.0	オーストラリア	1.7	ミャンマー他	1.0	サウジアラビア	1.4
							南アフリカ	1.4

注：回答社数に占める当該国を選択した企業の割合。一企業につき、5国・地域まで選択可。
　　アセアン諸国は網かけがされている。
出所：国際協力銀行、『わが国製造業企業の海外事業展開に関する調査報告』各年度版。

企業の割合を示している。調査期間中にわたって、中国とインドは日本企業にとって極めて有望な投資先と見られていることがわかる。ただし、中国は二〇一〇年度調査から二〇一四年度調査にかけて一位から三位と順位を下げており、また、中国の得票率は七七・三％から四三・七％へと大きく低下した。

他方、インドは二〇〇一年度の五位から二〇一四年度の一位へと順位を上げている。インドは二〇一〇年度から二〇一四年度にかけて順位を上げているものの、得票率は六〇・五％から四五・九％へと下げている。

アセアン諸国の多くは中国やインドには及ばないものの、日本企業にとって有望な投資国・地域と見られている。実際、アセアン一〇カ国のなかで六カ国（タイ、インドネシア、ベトナム、マレーシア、シンガポール、フィリピン）は全ての年度で上位二〇位以内にランクされている。

また、二〇一〇年度の調査ではミャンマー、二〇一四年度の調査ではカンボジアが加わり、同調査では、実に一〇カ国中八カ国が上位二〇以内にランクされた。上位二〇位にランクされていないのは、ブルネイとラオスのみである。

日本企業によるアセアン諸国への投資先としての関心が、二〇〇一年度から二〇一四年度へと高まっていることは、上位二〇位以内にランクされているアセアン諸国の合計の得票率が、七〇・一％（二〇〇一年度）、七七・二％（二〇〇五年度）、九一・五％（二〇一〇年度）、一五一・三％（二〇一四年度）へと大きく上昇していることから読み取れる。

個別の国で見ると、タイ、インドネシア、ベトナムは四年度とも上位一〇位以内にランクされており、日本企業のこれらの国々に対する関心が高いことがわかる。特に近年、インドネシアへの関心が高く、二〇一三年度調査では一位にランクされた。また、ミャンマーは二〇一〇年度調査では、一・〇％の得票率で初めて二〇位にランクされたが、二〇一四年には得票率を一一・〇％へと上昇させ、ランクも一〇位へと大きく上げた。

国際協力銀行のアンケート調査では、長期的（今後一〇年程度）に有望な投資先国・地域に関する調査も行っているが、二〇一四年度調査では、インドネシア（二位、四三・八％）、ベトナム（四位、三二・五％）、タイ（五位、一八・二％）、ミャンマー（七位、一八・八％）が一〇位以内にランクされている（長期的有望事業展開先についての調査結果は、上位一〇位までしか発表されていない）。中期的有望事業展開先についての調査結果と比べると、日本企業は、ミャンマーの投資先としての将来性を高く評価していることがわかる。

アセアン諸国の日本企業にとっての投資先としての魅力を見てみよう。国際協力銀行の調査では、上位一〇カ国について、それらの国・地域の投資先としての有望理由を尋ねている。二〇一四年度の調査で上位一〇位以内にランクされたアセアン諸国は、インドネシア、タイ、ベトナム、ミャンマーの四カ国であったことから、それらの国々の有望理由について見ることにしよう。

四カ国全てに共通している有望理由は、現地マーケットの今後の成長性である。なかでも、インドネシア市場についての今後の成長性を有望理由に挙げた企業は八五・五%と極めて高い（安価な労働力、現地マーケットの現状規模、今後の成長性など一八の有望理由が選択肢として提示されている）。インドネシアに次いで高いのは、ミャンマーとベトナムで、各々、六九・八%と六九・五%の回答企業が、これらの国々の市場の今後の成長性を有望理由に挙げている。

ちなみに、タイについての数値は、五四・三%であった。タイとインドネシアについては、現地マーケットの現状規模が有望理由であると回答している企業の割合が、各々、四二・二%、三七・三%と高い。ミャンマーとベトナムについては、安価な労働力を有望理由に選んだ企業の割合は、各々、六九・八%と五三・〇%と高い。上位一〇カ国のなかでタイのみにおいて、産業集積があることが有望理由であると回答した企業の割合が高かった。

投資先として有望と見られている国々においても、同調査ではさまざまな問題点が指摘されている（法制の未整備、法制の運用の不透明、外資規制、労働コストの上昇など二二の課題（問題点）が選択肢として提示されている）。アセアン諸国のなかで中期的に有望な上位一〇カ国にランクされたインドネシア、タイ、ベトナム、ミャンマーについての問題点を見てみよう。これらの四カ国で多くの企業に指摘された共通の問題点はないが、インドネシア、ベトナム、ミャンマーの三カ国に共通に指摘された問題点としては、法制の運用の不透明性及びインフラの未整備の二つがある。法制の運用が不透明と回答した企業の割合は、ミャンマーで四八・〇％、インドネシアで四一・〇％、ベトナムで三四・六％となっている。また、ミャンマーについては、五八・〇％の回答企業が法制の未整備を課題（問題点）として挙げている。

インフラの未整備が課題（問題点）であると回答した企業の割合は、ミャンマーで六六・〇％、ベトナムで四〇・九％、インドネシアで三二・四％となっている。タイについては、治安・社会情勢の不安（五二・八％）、労働コストの上昇（五二・一％）、他社との厳しい競争（四五・一％）を問題点として回答した企業の割合が高い。

本節では、アセアン諸国の投資先としての魅力と問題点を検討した。アセアン諸国が海外からの直接投資の誘致を成功させ、さらなる経済成長を実現するには、投資先としての魅力を向上させる一方、問題点を改善・解消させなければならない。

以下では、これらの課題への対応を考えてみよう。

アセアン経済共同体（ＡＥＣ）設立

直接投資の誘致にあたっては、大きく、また成長性の高い市場や効率的な生産が可能なビジネス環境の存在が重要である。このことは、前節で検討した国際協力銀行による日本企業に対するアンケート調査でも明らかになっている。

アセアン諸国は、この点を早い段階から認識しすでに述べた通り、一九九二年には集団的に外資を活用する方針転換を行い、直接投資を誘致することを一つの目的として、地域経済統合を進めてきた。本節では、アセアンにおける地域経済統合へ向けての動きと現状を見ることにしよう（詳しくは、浦田秀次郎「ＡＥＣが拓く　ＡＳＥＡＮ経済の未来」日本経済研究センター『岐路に立つアジア：持続的成長の要件と日本の役割』二〇一五年七月を参照）。

（1）ＡＦＴＡからＡＥＣへ

アセアン地域経済統合へ向けての動きを本格化させた最初の取り決めは、アセアン自由貿易地域（ＡＦＴＡ）である。ＡＦＴＡは、当時のアセアン加盟国であるブルネイ、インドネシア、マレーシア、フィリピン、シンガポール、タイの六カ国によって一九九三年に開始され、共通効果特恵関税制度（ＣＥＰＴ）協定の下で二〇〇八年までの一五年間で、アセアン諸国間の財貿易に適用される関税率を〇～五％へと引き下げることを目標とした。AFTA設立を促した重要な要因としては、中国経済の台頭があった。中国は七九年の改革・開放政策によって、順調な経済発展を達成させていたこともあり、八〇年代後半には、経済発展に大きな役割を果たす海外からの直接投資を大量に引き付けるようになっていた。海外直接投資を取り入れることで高成長を記録していたアセアン諸国は、中国の台頭に危機感を抱き、AFTAにより市場統合を進めることで、海外からの直接投資の誘致を期待したのである。

その後、中国が高成長を背景に投資先としての魅力を高めたことに対抗して、AFTAでの域内関税削減の目標が二〇一〇年に前倒しされた。また、新規にアセアンに加盟したベトナム、ラオス、ミャンマー、カンボジアの四カ国（新規加盟国）による関税撤廃の目標時期は二〇一五年と定められた。

二〇一〇年には、CEPT協定によりも包括的かつ詳細な規定を盛り込んだアセアン物品貿易協定（ATIGA）を発効させた。さらに、サービス貿易及び直接投資の域内拡大を目的として、アセアン・サービス枠組み協定（AFAS、一九九五年）及びアセアン投資地域（AIA、一九九八年）が締結され、発効した。AIAは投資保証協定と統合されてアセアン包括的投資協定（ACIA）として二〇〇九年に調印され、二〇一二年に発効した。

アセアンにおける経済統合への動きは、二〇〇三年にバリで開催された第九回アセアン首脳会議の「アセアン第二協和宣言」において、アセアン経済共同体（ＡＥＣ）構築という形で新たな段階に入った。

同宣言では、二〇二〇年までに、経済共同体、政治安全保障共同体、社会文化共同体から構成されるアセアン共同体の創設を打ち出した（アセアン共同体の発足は、その後二〇一五年に前倒しされた）。

二〇〇四年にラオスの首都ビエンチャンで開催された第一〇回アセアン首脳会議において、アセアン共同体設立へのロードマップとなる「ビエンチャン行動プログラム」が採択された。ＡＥＣに関する取組みとしては、単一市場・生産基地に向けた統合プロセスの加速化、農業製品、自動車、エレクトロニクスなどを含む一一重点分野における二〇一〇年までの統合などが挙げられている。

（2）ＡＥＣ実現に向けての取組み

二〇〇七年第一三回ＡＳＥＡＮ首脳会議では、ＡＥＣ実現に向けてのブループリント（工程表）が採択された。ＡＥＣブループリントでは、四つの柱（単一の市場と生産基地、競争力のある経済地域、公平な経済発展、グローバル経済への統合）、一七の重点分野、七七の措置が示された。四つの柱が立てられたことで、AECの目的・意義が鮮明になった。

単一の市場と生産基地の構築により、経済成長に不可欠な直接投資を誘致するための中国とインドとの競争で優位に立つことが可能となり、アセアンの経済成長が推進される。競争力のある経済地域の設立は、直接投資の誘致に貢献すると共に、企業間の競争を推進することで消費者の利益を増大させる。

公平な経済発展の実現は、現在存在するアセアン諸国間での大きな発展格差を縮小させることで経済的・社会的・政治的に安定的な発展をもたらすだけでなく、経済統合を推進するために不可欠である。

グローバル経済への統合は、経済活動のグローバル化が進展する状況において、アセアンの経済的繁栄のためには域内統合を進めると同時に、域外経済との統合を進めることが重要である。特に、世界レベルでの生産ネットワークへの有機的参加は経済成長に大きく貢献する。

ブループリントを確実に実施するために、二〇〇八年からアセアン事務局により各国の進捗状況を評価するためのスコアカード（採点表）が実施されている。

ちなみに、二〇一五年末時点では、措置全体の七九・五％が実施済み、かつ主要優先措置の実施率は九二・七%であると報告されている。また、ブループリントでは不十分であったハードインフラの計画などを補完・補強するために、二〇一〇年第一七回首脳会議で「アセアン連結性マスタープラン」が採択された。

「アセアン連結性マスタープラン」では、①物的連結性、②制度的連結性、③人的連結性の強化が追求されているが、具体的には、①物的連結性に関しては、輸送、ICT（情報通信技術）、エネルギーなどのハードインフラの整備、②制度的連結性については、貿易自由化・円滑化、投資・サービス、輸送協定、越境手続、人材育成などのソフトインフラの整備、③人的連結性としては、教育・文化、観光などにおける人の移動の円滑化などの項目が含まれている。なお、アセアン連結性マスタープランは、現在改定が進められている。

（3）AEC設立へ向けての進捗状況

アセアン諸国は、AEC設立に向けてブループリントに沿う形で政策を実施してきた。以下では、モノの貿易、サービス貿易、直接投資、人の移動について、アセアン域内での自由化の状況を概観しよう。

アセアン域内のモノの貿易の自由化である関税削減・撤廃は、AFTA及びATIGA

のもとで、着実に進められている。アセアン先行国（ブルネイ、インドネシア、マレーシア、フィリピン、シンガポール、タイ）については単純域内平均特恵関税率は一九九三年には一一・四％であったが、二〇一〇年までにほぼ〇％を達成している。一方、新規加盟国（カンボジア、ラオス、ミャンマー、ベトナム）については二〇〇〇年では七・五％であったが、二〇一〇年には二・六％、二〇一五年には〇・五％まで低下した（左図参照）。

商品数に占める関税撤廃商品の割合である関税撤廃率については、二〇一五年時点において先行国では九九・二％であった。新規加盟国では、二〇一四年時点で七二・六％であったが、二〇一五年には九〇・八％にまで上昇した。

先進国については、すべての国々で域内特恵関税率は低く、また、関税撤廃率も高く、各国間での違いはほとんどないが、新規加盟国の間では、これらの指標について依然として格差が観測される。

しかしながら、新規加盟国は、二〇一八年までにセンシティブな関税品目七％分を追加的に撤廃するとしている。商品数に占める関税撤廃商品の割合である関税撤廃率については、二〇一五年時点において、先行国では九九・二％、新規加盟国では七二・六％であった。

先行国については、すべての国々で域内特恵関税率は低く、また、関税撤廃率も高く、

アセアン諸国の域内関税率の推移

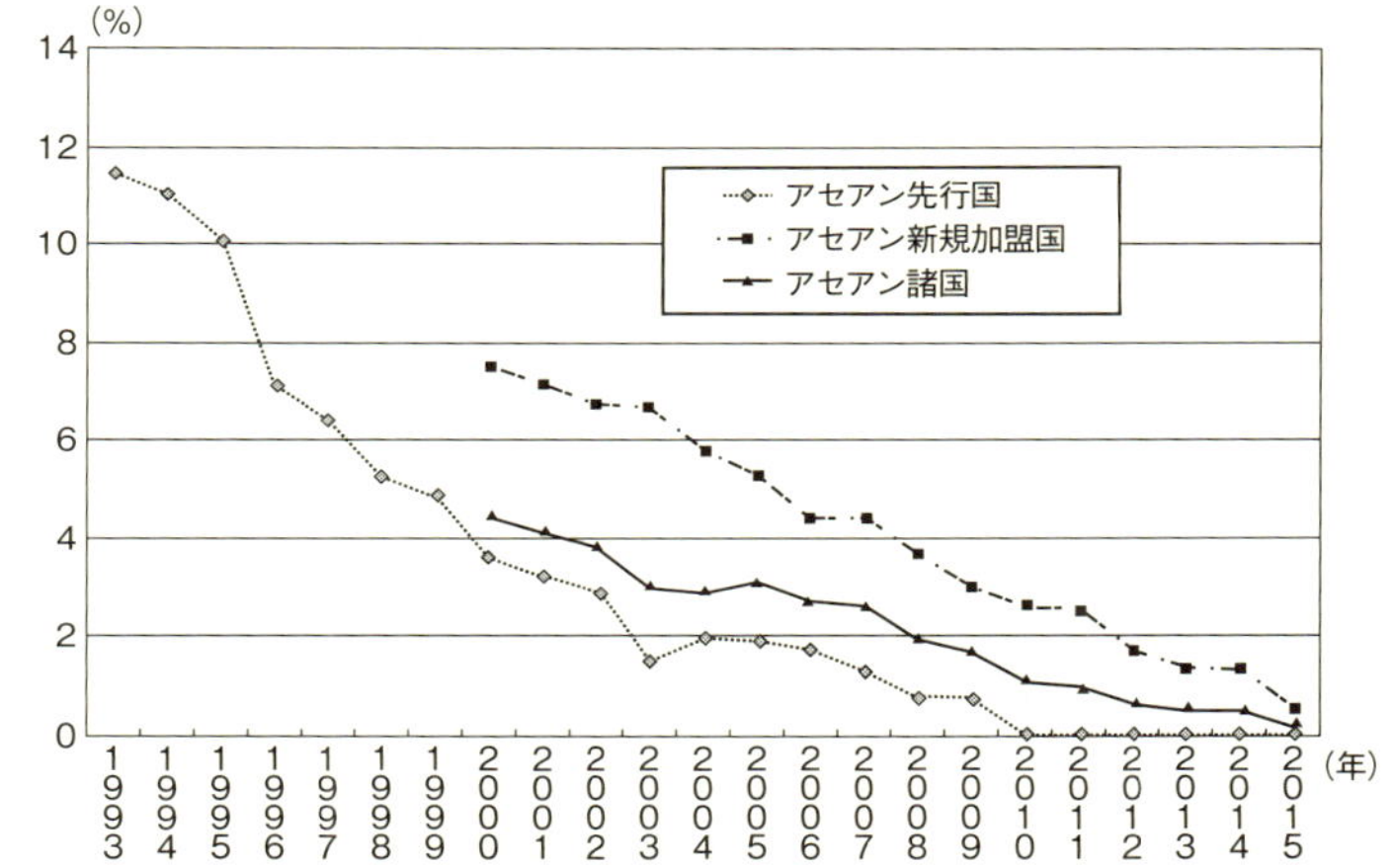

出所:ASEAN事務局より。

各国間での違いはほとんどないが、新規加盟国の間では、これらの指標について格差が観測される。

平均特恵関税率が低いのはミャンマーで〇・二%（二〇一五年）であるのに対して、ベトナムは高く〇・八%である。関税撤廃率はカンボジアが約六〇%であるのに対して、ラオス、ミャンマー、ベトナムでは七〇%台である。

貿易を円滑に進めるには税関業務の迅速化が必要である。アセアンとして具体的に進めている措置としては、「到着前検査制度」、「アセアン通関申告書」、「アセアン税関貨物通貨制度」、「アセアン統一関税分類」などの採用がある。

また、通関手続きを電子化し、一回の入

力・送信で関係機関への申請・届出を可能にするナショナル・シングル・ウィンドウ（NSW）を実現し、アセアン全体をNSWで相互接続し一本化するアセアン・シングル・ウィンドウ（ASW）設立に向けて協定が締結されている。ASWのパイロットプロジェクトは一部の国で進展しつつあるが、NSWも稼働していない国々もあることから、ASW稼働までには時間がかかりそうだ。

関税が削減・撤廃されても非関税障壁が存在する場合には、貿易は拡大しない。非関税障壁の定義は定まっていないが、アセアンが採用している国連貿易開発会議（UNCTAD）の分類では、準関税措置（内国税、課徴金など四措置）、価格管理措置（可変課徴金、アンチ・ダンピング措置、相殺措置など一一措置）、金融措置（前払い要求など九措置）、自動ライセンス措置（二措置）、品質管理措置（割当、非自動ライセンス、ローカル・コンテント規制、禁止など二八措置）、独占的措置（二措置）、技術的措置（技術規格、検査・検疫など一二措置）の六八措置が含まれている。

アセアンではブループリントで、非関税障壁をデータベース化し、二〇一四年までに撤廃という目標を立てているが、データベース化については、国により分類方法なども異なり、また、各国の申告に任せていることから、非関税障壁の撤廃はほとんど進んでいない。実際、新たな非関税障壁を導入しないというブループリントに反して、新たに非関税障壁を導入している国も見受けられる。

このような現状を踏まえ、ＥＲＩＡは国連貿易開発会議と協力して、新たな非関税障壁のデータベース化を進めている。ＥＲＩＡのデータベースは、全ての非関税障壁を捕捉すると同時に、データの国際間比較も可能であること、また、各国の政府職員の支援を受けつつ策定していることから、実効的な非関税障壁の撤廃に貢献することが期待されている。

サービス貿易の自由化はＡＦＡＳの枠組みの下で、一九九六年の第一パッケージから開始され、二〇一四年に第九パッケージまでの交渉が終了し、フィリピンを除いて合意に至っている。二〇一五年末まで第一〇パッケージ交渉終了を予定していたが、交渉は終了しなかった。サービス貿易は、越境取引（モード1）、国外消費（モード2）、商業拠点（モード3）、人の移動（モード4）に分類されるが、ＡＥＣブループリントでは、サービス貿易自由化を以下のように計画している。

モード1と2については、善意による規制を除いてすべての制限の撤廃、モード3については、外資出資比率七〇％を許容、モード4については限定された自由化となっている。ＡＦＡＳの枠組みでのサービス貿易自由化は、アセアン諸国が世界貿易機関（ＷＴＯ）でのサービス貿易に関する一般協定（ＧＡＴＳ）において約束した自由化よりも、かなり踏み込んでいる。

サービス貿易自由化の実態は、目標に向かって徐々に進展しているが、各国ごとにバラツキがあり、二〇一五年時点では限定的という見方が多い。

投資自由化はACIAのもとで進められているが、ACIAの対象はサービス業以外の投資であり、サービス投資は上述したようにAFASのもとで進められている。ACIAは伝統的な投資協力に含まれている投資保護だけではなく、投資前の内国民待遇、パフォーマンス要求の禁止、投資家と国家の紛争解決（ISDS）などの投資自由化に向けての新規性の高い規定を含んでいる。

自由化は、自由化を留保する分野を指定するネガティブリスト方式で進められることになっていることから、自由化を推進しやすい枠組みではあるが、実際には、各国共に留保分野が多く、自由で開放された投資環境を構築するには、留保分野の削減が不可欠である。

AECにおける人の自由な移動の対象は、熟練労働者、貿易・投資従事者及び旅行者に限られており、低熟練・非熟練労働者は含まれていない。熟練労働者の自由な移動については、AFASの枠組みのなかでエンジニアリングサービス、看護サービス、建築サービス、測量サービス、医療サービス、会計サービス、歯科医療サービス、観光サービスの八分野において、専門家資格の相互承認協定が締結されており、専門家の自由な移動を可能にする枠組みが構築されつつある。

ただし、相互承認された資格を得たことにより、アセアン諸国で自動的に就労できるわけではない。実際の就労には、国籍や居住条件などを満たさなければならない。貿易・投資従事者の移動に関しては、商用訪問者、企業内転勤者、契約で合意したサービス提供者の移動の円滑化を目的としたアセアン自然人移動協定が二〇一二年に署名されたが、まだ発効していない。アセアン国籍者の域内旅行については、査証免除に向けた取り組みが進められている。

ＡＥＣを超えて

モノ、サービス、カネ、ヒトが自由に移動できるＡＥＣの目標期限（二〇一五年一二月）までの完成はできなかったが、目標期限を過ぎても、完成へ向けての努力は継続される。二〇一四年一一月にミャンマーの首都ネピドーで開催された第二五回アセアン首脳会議で合意され、発表された「二〇一五年以降のアセアン共同体に関するネピドー宣言」では、ＡＥＣのあるべき姿を示すと共に、課題について触れている（ＡＳＥＡＮ事務局 http://www.asean.org/images/pdf/2014_upload/Nay%20Pyi%20Taw%20Declaration%20on%20the20ＡＳＥＡＮ%20Community%20Post%202015%20Vision%20w.annex.pdf）。

その後二〇一五年一一月に公表された『ＡＥＣブループリント二〇二五』では、①高度に統合された経済、②競争的、革新的かつダイナミックなアセアン、③連結性及び分野別協力の強化、④強靭で包括的かつ人間志向、人間中心のＡＳＥＡＮ、⑤グローバルなアセアンといった大目標が挙げられており、今後一〇年間で、さらなる経済統合を進めるという強い決意を示すものとなっている。

また、これらの目標を実現させる手段の例として、グローバル・バリュー・チェーンへの参画を強化する貿易円滑化戦略、民間部門などの要求に対して反応度の高い規制制度、食料やエネルギーの安定供給、民間部門や非営利団体などの参加による適切な統治制度（ガバナンス）、東アジアにおいて、アセアンの中心的役割を強化するような東アジア地域統合（ＲＣＥＰ）の推進などが提示されている。今後、アセアンにはこれらの課題を確実にクリアするような政策が求められるであろう。

これらの目標を実現させる手段として、民間部門や非営利団体などの参加による適切な統治制度（ガバナンス）、透明性が高く、民間部門などの要求に対して反応度の高い規制制度の実現、食料やエネルギーの安定供給、自然災害や経済的ショックに対応できるような各国及び地域における制度の構築、東アジアにおいてアセアンの中心的役割を強化するような東アジア地域統合（ＲＣＥＰ）の推進などが提示されている。

ＡＥＣは目標期限までには完成できなかったが、これまでアセアンは地域経済統合へ向けて、大きな成果を上げてきたことを指摘しておきたい。一九九三年にAFTAがスタートした時には、それまでに進めてきたアセアンでのさまざまな地域協力プロジェクトはあまり成功していなかったので、AFTAは目標通りには進まないのではないかという見方が大勢を占めていた。

しかし、この予想に反して、AFTAは当初の期限を前倒しする形で完成した。このような前例を考慮するならば、ASEANは地域経済統合完成に向けて着々と前進する可能性が高いと思われる。

最後に、直接投資の誘致だけでなく経済成長の実現において重要な要素であるが、AECで触れられてはいるものの、十分には考慮されていないと思われる、インフラ整備と人材育成について述べておきたい。

インフラは、道路、港湾、通信、発電などの設備建設といったハードインフラと、教育制度や法制度などのソフトインフラなど範囲は広範に及ぶが、直接投資の誘致や経済活動の円滑化には欠かせない。前述の国際協力銀行による日本企業に対するアンケート調査においても、インフラの未整備が多くのアセアン諸国における問題点であると指摘されていた。経済発展における人材の重要性は、改めて議論するまでもないであろう。

経済活動には、教育や訓練を受けた人材は不可欠であり、また、経済のダイナミズムを喚起するには、起業や研究開発などを積極的に進める能力を持ち、自己の設定した目標に果敢にチャレンジするような人材が必要である。

エピローグ

アセアンとTPP

ＴＰＰはアセアンにどんな影響をもたらすのか？

では、アセアンと近隣諸国の将来はいかなる関係を持つことが望ましいのか。われわれは、二〇一五年一〇月に基本合意を見たＴＰＰ（環太平洋パートナーシップ協定）との関連で、アジア太平洋地域とアセアンの産業の将来関係を見ることとしたい。

二〇一五年一〇月、ＴＰＰが遂に一二カ国の閣僚によって大筋合意された。日本が二〇一三年三月に参加表明してから二年半後の大筋合意であり、そこに至るまでには、各国の国益がぶつかり合う非常に厳しい交渉があった。

ＴＰＰがこれまで世間の注目を受けてきたのは、参加各国も主張するように、これが二一世紀型の新たなＥＰＡ（Economic Partnership Agreement 経済連携協定）であるという点である。

すなわち、ＴＰＰは、アジア太平洋の加盟一二カ国の間で、物品貿易の自由化だけではなく、この地域での投資・サービスの自由化をさらに押し進めるものとなっている。特に、知的財産、国有企業、電子商取引など、新たなルール構築も盛り込まれていることは特筆に値する。

もちろん、物品の関税撤廃についても画期的である。日本側から見て加盟一一カ国全体で、品目数・貿易額ベースともに九九・九％の関税撤廃を実現している。

特に、これまで日本がＦＴＡを締結していない米国に対して、工業製品の一〇〇％の関税撤廃を実現できたことは日本企業にとってメリットが大きい。米国との事実上のＦＴＡが完成し、自動車部品など米韓ＦＴＡで生じていた韓国企業との競争上の劣後も解消されるであろう。

「原産地規則」とは？

関税撤廃・引き下げなど関税上の優遇措置が受けられる製品や証明手続き等を定める「原産地規則」も重要である。各国はこの原産地規則に従い、製品の付加価値の一定割合が域内で生み出されたことを証明しない限り、ＴＰＰで定めた特恵税率が適用されない。

ＴＰＰでは、この原産地規則についていくつか利用を促す仕組みが定められているが、最も注目すべきは、付加価値基準における完全累積制度を導入したことであろう。一般の累積制度では、複数の加盟国における付加価値及び加工工程の足し上げが認められるが、それは域内で原産地規則を満たした部品のみが累積の対象である。

しかし、ＴＰＰで採用されている完全累積制度においては、部品自体が原産地規則を満たさない場合であっても、ＴＰＰ加盟国で当該部品に加えられた付加価値は足し上げが可能とされる。

ＴＰＰ加盟国で加えられた付加価値は足し上げが可能

これについて具体例で見てみよう。日本の基幹産業の一つである家電、例えば家庭用冷蔵庫を例に取ろう。ＴＰＰの原産地規則は付加価値基準（積み上げ方式）で四五％と定めている。日本の家電メーカーは、基幹部品を国内で生産していることがあるが、仮にこれが原産地規則を満たしておらず付加価値は二五％だとする。

それと同時に、当該メーカーはＴＰＰ加盟国（例えばベトナム）で家庭用冷蔵庫の組み立てを行っており、その付加価値が仮に二〇％だとしよう。

家庭用冷蔵庫は最終的にＴＰＰ加盟国の米国に輸出されるとする。完全累積制度がない場合には、ベトナムの組み立てにおける付加価値二〇％しかなく、原産地規則の付加価値四五％を満たさないが、完全累積制度がある場合には、日本における基幹部品の付加価値二五％も加算され、合計の付加価値は四五％になり原産地規則を満たすことになる。

以上のように、完全累積制度の下では、生産工程がＴＰＰ加盟国の複数に及んでいても、ＴＰＰ加盟国内で生産された製品に関して原産地規則が適用される。このことからもわかるように、ＴＰＰの原産地規則による日本企業にとっての最大のメリットは、部品の供給網であるサプライチェーンが更に拡大する点である。

また、中小企業はとかく煩雑でコストのかかるＥＰＡの活用を忌避する傾向があるが、ＴＰＰでは部品の出自に関する煩雑な手続きに煩わされることもないことから、ＴＰＰの活用による中小企業の一層の海外展開も期待されるだろう。

その一方で、日本企業のなかには、ＴＰＰに加盟していないタイ等を基盤にサプライチェーンを展開してきた会社もあることから、現時点でＴＰＰにタイ、フィリピン、インドネシアをはじめとしたＡＳＥＡＮ各国が加盟していないことで、原産地規則による最大限のメリットを享受できない可能性がある。

しかしながら、将来これら各国がＴＰＰに加盟した暁には、日本企業にとってのメリットは更に大きくなると予想される。

ＴＰＰは、当然ながら日本以外の加盟国の経済にも影響を与える。ベトナムについては、国有企業改革という点が一つ注目すべき点であろう。このことは、中国が二〇〇一年にＷＴＯに加盟して民間企業が増加・活発化したように、ベトナムの民間企業の成長・拡大を引き起こすものである。それは、ベトナムのサポーティングインダストリーの大きな力となる。

ＴＰＰ協定は、その参加国が世界の成長センターともいうべきアジア太平洋地域とリンクし、企業の市場拡大をもたらすものである。

ベトナムは、ＴＰＰによってアメリカ市場とリンクし、またＥＵとの自由貿易協定（ＦＴＡ）も大筋合意となっていることから、アメリカ及びＥＵという巨大なゲートウェイを手に入れることになる。そして、中国との間では、中国―アセアンＦＴＡで結ばれている。中国経済は成長の曲がり角を迎えたと言われているが、その消費市場はベトナムにとっても魅力的である。

自動車産業についてはどうか。ベトナムがＴＰＰに加盟したことにより、自動車部品産業との関係では、日本・メキシコとのリンクができることは大きい。

現況、ベトナムの完成車市場は小さく、その裾野産業は一部を除いて育っていないが、今後に関しては現在のタイのようにアセアンの産業集積にリンクするだけでなく、メキシコや日本ともリンクできるTPPによって、ベトナムという国が持つ生産ネットワークのハブとしての重要性が増すことが予想されるのではないだろうか。

ベトナムの生産ネットワークにおけるハブ機能の拡大は、自動車以外の製造業においても日本にとっても極めて影響が大きいものであり、ベトナム政府がTPP加盟によって、一連の規制改革の取組みを通じて、適切な政策を推し進めれば、製造業・自動車部品産業という観点からも大いに期待できる。

ASEANの将来―Responsive ASEAN

アジアは一つと岡倉天心が述べた背景には、アジアの多様性があった。その多様性をダイナミズムとして、共通の真実にたどり着くことが可能であると彼は訴えた。幾星霜を経て、アセアンの首脳達は、冷戦の終結を契機として、思想信条、政治体制の違いを乗り越えて、人々の繁栄という共通の目的の下に多様性を受け入れ、まさにそれを発展の挺子にして進んできた。

それを支えたのは、奇しくも敗戦の反省に立ち、真摯にアジアで陰徳を積み続けてきた日本の製造業が作り上げてきた、高度な生産ネットワークの力であった。アセアンがEUと異なる道を歩む根底にある内的なものは、すでに述べてきたセカンド・アンバンドリングと呼ばれる経済の現実である。情報革命の進展とあいまって、生産ネットワークは国境を越えて、その工程を分解させ適地に拡がっていこうとするのである。

アセアン内で最適の工程間分業が完成した暁には、製品があたかも一つの工場で完成したかのようになる。つまりそれぞれの工程ブロックの連結のインターフェイスが透明化され、優れたインプットを受け入れそれに付加価値をつけ、優れたアウトプットを次の工程につなげていくことが当たり前になる。そして、その工程の存する場所における個々の比較優位を議論することは、あまり重要ではなくなる。

以上のような連結が完成すれば、経済統合のもたらす負の局面である一極集中を回避し、逆に連結を通じて最上の価値の共有を推進するという意味においてそれは格差を是正することに貢献することになろう。そのことを踏まえて、アセアンはその経済共同体の最終目的というべきものに、単一市場だけではなくそのもたらす負の効果を乗り越えるために、単一生産基地の形成を付け加えたのである。

しかしながらこのことをなすためには、多くの困難な課題を乗り越えていかなければならない。すでに述べてきたように、ＡＥＣ２０１５を越えて実現するべき課題は多く、その課題をＥＲＩＡはアセアン経済共同体ブループリント二〇二五の基礎となった「ASEAN RISING-ASEAN and AEC Beyond 2015」という研究報告書において詳しく明らかにしている。

二〇二五年までのブループリントは多様な内容を含んでいるが、編者が肝要と考えている点は概略以下のようにまとめられよう。

まず単一市場・単一生産基地の形成について、ブループリントはそこにいたる一〇年間の道筋を示している。それには、まずより統合され、より強い連結性を実現することが必要であり、基本として従来に比して熟練労働者や経済人の往来を飛躍的に向上させ、そして、生産ネットワークを拡大進化させ、広汎なグローバルバリューチェインへの参加をさらに高めることが求められる。

そのため運輸、情報通信、電子商取引、エネルギー、食品産業、農業、林業、観光、健康産業、工業、科学技術などの優先分野における連結性と分野協力をおおいに高めなければならない。そしてその目指すべきアセアン経済共同体は、より競争的で、革新的でダイナミックなものでなければならない。

そのためには有効な競争政策、消費者政策、知財政策の導入が必要であり、その法整備に向けてこれまでアセアン各国は努力してきたが、その努力を継続するだけでなく、革新的なアセアンを形成するために、一層生産性を向上させ、R＆Dやそれによってもたらされた技術の実業化を推進し、プロセスイノベーションからプロダクトイノベーションを可能にできる高い水準に挑戦しなければならない。

ERIAはその実現のためにアセアンが持つべき基本的態度として、Responsiveness（感動性）という概念を提唱した。それは、アセアン経済共同体が、強靭で、包括的で、人々が積極的にその形成に参画し、それが人々の繁栄に寄与するためのものでなくてはならないからである。共同体そのものに意味があるのではなく、共同体に住む人々に意味があるのである。

そのため、格差是正が主たる問題意識になり、中小零細企業の強化を含めた民間セクターの役割が飛躍的に重要になるが、その解決には官民の協力がその基本に置かれなければならない。そのときの官民の協力の基本的態度として求められるのが、Responsivenessなのである。つまりお互いを尊敬し、聞く耳を持つこと。主張する側は科学的根拠に基づき（ERIAは専門機関が間に立ち科学的データを準備して対話を合理的に進める方法としてinformed regulatory conversationと言うやり方を提案し、アセアンで実施した。AECブループリント2025にも記述されている）合理的主張を行い、聞く側は心を開いて聞く。

そして最も重要なことはそれに対応する際、自らを変える勇気を持たなければならないという点である。感じたならば動かなければならない。著者がResponsivenessを強調した所以である。これが最も求められるのは、政府の行う規制行政の際である。幸いアセアンの首脳は、二〇二五年に向けてのブループリントではERIAの提案を受け入れた。これにより有効で効率的で、Responsiveな規制と良い規制の慣行が、アセアン経済共同体の重要な要素として位置付けられた。

今日国際的に見た場合のアセアン経済共同体の位置付けも、より積極的なものになってきている。つまりAEC2015においては、アセアン経済共同体をグローバル経済にいかに統合していくかという視点で政策が語られていたが、二〇一二年にERIAはRCEPをアセアン経済共同体形成のための措置として位置付け、二〇一五年までにその交渉を完成させることを提唱していた。残念ながら、RCEPよりもTPPのほうが早く交渉を妥結したのはすでに述べたとおりである。

これを踏まえて二〇二五年ブループリントは、アセアン自体がグローバル経済に統合されることを一歩進め、より積極的にアセアン自体がグローバルアセアンになり、グローバル経済の統合に貢献してゆくという方向性を出している。Responsivenessを基本態度として、アセアンはその主体性を発揮し、ＡＥＣを完成させる努力を継続すると同時に、その精神を基本としてＲＣＥＰへとＡＥＣを拡大させることにより、日本、中国、韓国、インドといった経済的大国を自らの土俵の上で協力させていくことを追求している。それは、関税同盟への道を歩まず、ＡＥＣという独自のやり方をＲＣＥＰという方法により広げてゆくという、新しい共同体形成への道を開いてゆく叡智ともいえよう。

以上述べてきたもろもろの課題とそれに対する対応策は、実現困難なものも多く含まれている。単一生産基地という大目標の核を成す生産ネットワークは、その進化、発展の不可欠の要素としてより良くつながりたいという経済動機を有している。それは、現在は異なるそれぞれの国内制度を、より統合された、共通のものにしたいという経済動機でもある。それは以上述べてきたすべての課題と関連し、それぞれの国の文化的、伝統的価値観と深くかつ密接に関連している点でもある。

アセアン共同体は三つの共同体から形成される。つまり「政治安全保障共同体」、「経済共同体」、「文化社会共同体」である。「経済共同体」の成功のためには、平和の維持とアセアン帰属意識の強化が大切である。

特に、国内の伝統的な制度の根幹に触れるような改革を実現するためには、アセアンという地域の発展を自らの発展として認識し、共感する帰属意識のようなものが欠かせない。

「アセアン文化社会共同体」の成功は、そのようなアセアンアイデンティティを強化するものであり、したがって、それはアセアン経済共同体の成功とも密接な関連を有する。ERIAは、「アセアン文化社会共同体」についても詳細に分析を行い、二〇二五年のアセアン文化社会共同体ブループリント（ASCC2025）の基礎となる（FRAMING THE ASEAN SOCIO-CULTURAL COMMUNITY POST-2015）という研究報告をまとめてサミットに提出した。

この研究報告において、ASCC2025の大きな方向性は、包括的で、お互いを労わりあう社会、強靭で持続可能な社会、アセアンアイデンティティと運命に対する深い思いを共有する社会、ダイナミックでグローバルな社会の実現であり、それに向け人々が積極的に形成に参画し、人々の繁栄のために形成することによって実現することを提言しており、アセアン経済共同体と基本理念を共有するものとなっている。

ASCC2025は、そのフレームとして、㈠人々の参画と繁栄、㈡非排他的、㈢持続可能性、㈣強靭性、㈤ダイナミックであるべきというERIAの提唱したフレームを受け入れている。そして「文化社会共同体」の将来方向として、創造的で、革新的で、そしてRESPONSIVE アセアンの実現であるべきであるとして、ERIAの提言したResponsivenessの概念を受け入れている。

アセアン感動性とは、規制行政に限るものではなく、真摯に世界のステークホルダーの意見に耳を貸し、柔軟に改革に取り組み、政策を速やかに実行することにつながるものである。それにより、アセアンと関係を持つ仲間たちは、アセアンに信頼を寄せ、ＡＳＥＡＮに敬意を払うであろう。

日本が、アジアの小国であったがゆえに「アジアはひとつ」という天心の言葉は力を持ったが、いまや大国である日本、中国、インドなどの国が、このような表現を使うことは難しい。唯一アセアンこそが、この半世紀の努力によりアセアンセントラリティという考えを主張することが、大国により認められている。それゆえに、天心の思いに対して「アジアはひとつ、Responsive アセアンによって」と主張したい。

あとがき

本書は、西村英俊が責任編集者として世に問うた著作である。著者の西村は二〇一二年に『アセアンの自動車・同部品産業』（ＥＲＩＡ）を上梓したが、発行部数が少ないだけでなく、執筆者が多数に及んでいたために、全体の統一性を著しく欠いていた。

そうした欠陥を克服して統一したアセアン像とそこでの産業の位置を明示しわかりやすい著作を作りたいというのが、編者としての何よりの希望であった。

そこで、私が編者となり、小林英夫（早稲田大学名誉教授）、浦田秀次郎（早稲田大学大学院アジア太平洋研究科教授）両氏に編集協力をお願いして『アセアンの自動車・同部品産業』を踏まえながらも大幅な改善を試み、さらにはビジネス社の規格に合わせて、全体を圧縮するスタイルへと改めた。

この結果、アセアンの地域統合のプロセスとその成長に果たす自動車及び電機産業など基幹産業の意味が、一層明確になったと確信している。また、アセアンの地域統合の将来を予測するという意味で、現在進行形の事象ではあるが、アセアンの将来の動向について最近の動きを踏まえた将来展望を大胆に予測してみた。

これらの試みが、アセアンの現状と将来にいかなる新味をもたらしたかに関しては、読者諸兄の厳しい批判をまたなければならない。

なお、本書作成に当たっては、西村が日頃から交流しているＥＲＩＡの安橋正人（エコノミスト）、岩崎総則（シニアリサーチアソシエイト）、榎本勇太（自動車論評家）、高柳光子（ＥＲＩＡ特派員）氏、西村が客員教授をつとめる早稲田大学自動車部品産業研究所の金英善次席研究員、マーティン・シュレーダー客員次席研究員、そのほか、この企画に協力してデーター整理などを手伝ってくれた多くの皆さんに厚く感謝したい。

二〇一六年七月

編集者を代表して　西村英俊

巻末資料

（単位：1000人）

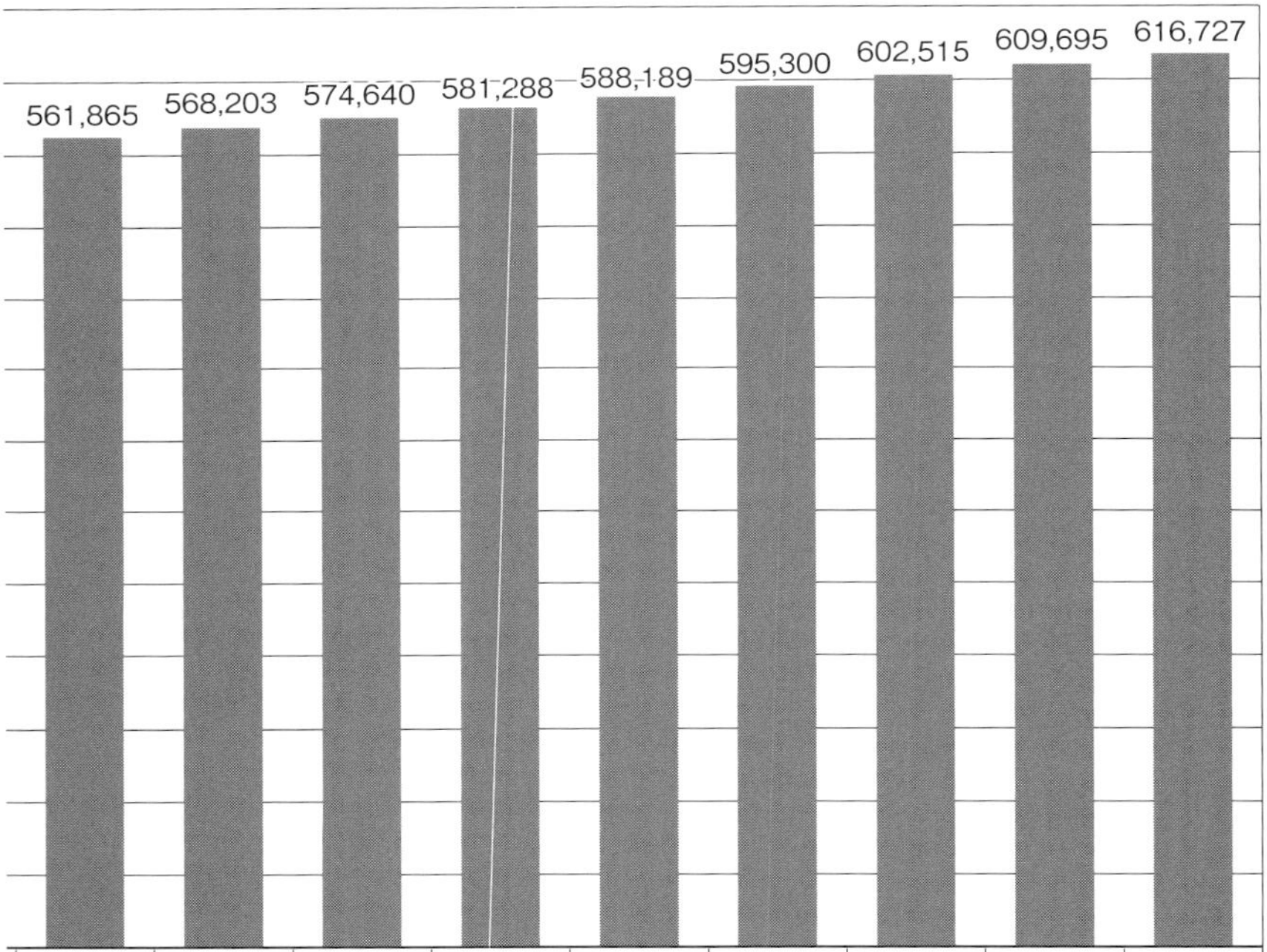

2007年	2008年	2009年	2010年	2011年	2012年	2013年	2014年	2015年
232,297	235,361	238,465	24,1613	244,808	248,038	251,268	254,455	257,564
4,733	4,850	4,965	5,079	5,191	5,300	5,405	5,507	5604
66,354	66,453	66,548	66,692	66,903	67,164	67,451	67,726	67,959
88,966	90,297	91,642	93,039	94,501	96,017	97,572	99,139	100,699
26,731	27,197	27,661	28,120	28,573	29,022	29,465	29,902	30,331
374	381	387	393	399	406	411	417	423
85,771	86,589	87,449	88,358	89,322	90,336	91,379	92,423	93,448
5,940	6,045	6,153	6,261	6,367	6,473	6,580	6,689	6,802
50,699	51,030	51,370	51,733	52,125	52,544	52,984	53,437	53,897

アセアン総人口の推移

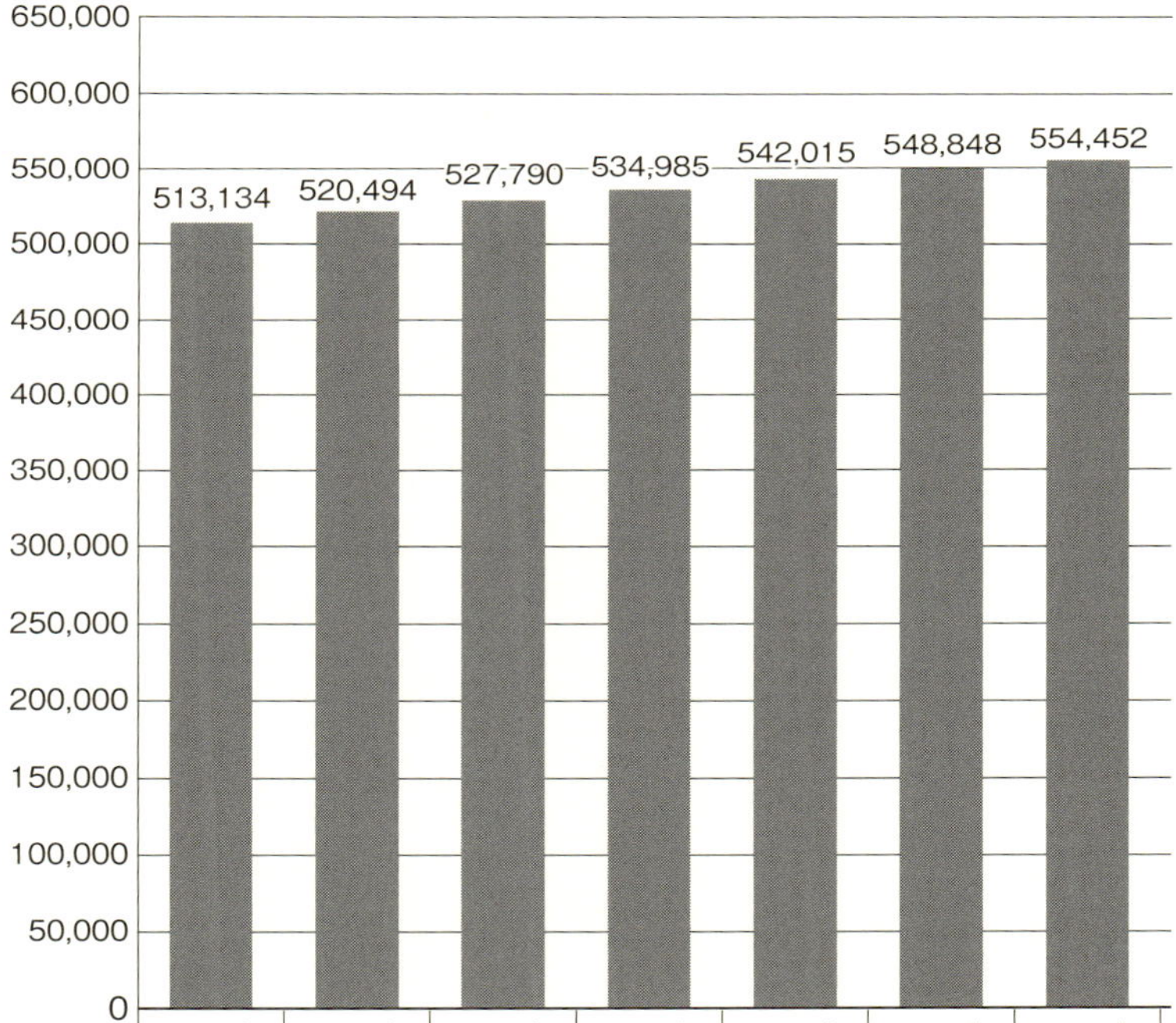

	2000年	2001年	2002年	2003年	2004年	2005年	2006年
インドネシア	211,540	214,448	217,369	220,308	223,269	226,255	229,264
シンガポール	3,918	4,023	4,136	4,255	4,375	4,496	4,615
タイ	62,693	63,415	64,137	64,817	65,405	65,864	66,174
フィリピン	77,932	79,605	81,294	82,972	84,596	86,141	87,593
マレーシア	23,421	23,921	24,402	24,869	25,332	25,796	25,263
ブルネイ	331	337	343	350	356	362	368
ベトナム	80,286	81,124	81,917	82,683	83,440	84,204	84,980
ラオス	5,343	5,425	5,502	5,579	5,659	5,745	5,839
ミャンマー	47,670	48,196	48,690	49,152	49,583	49,985	50,356

※出典：World Bank（http://data.worldbank.org/indicator/NY.GDP.PCAP.CD）

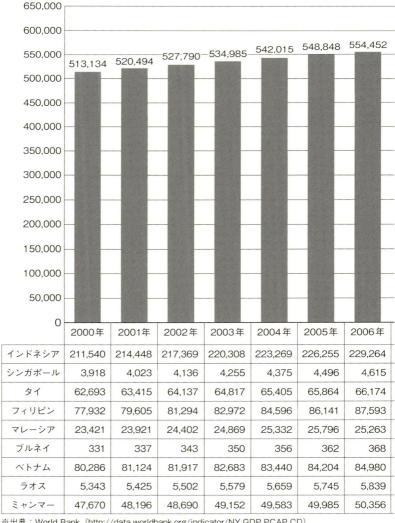

日本からアセアンへの輸出

（単位：100万ドル）

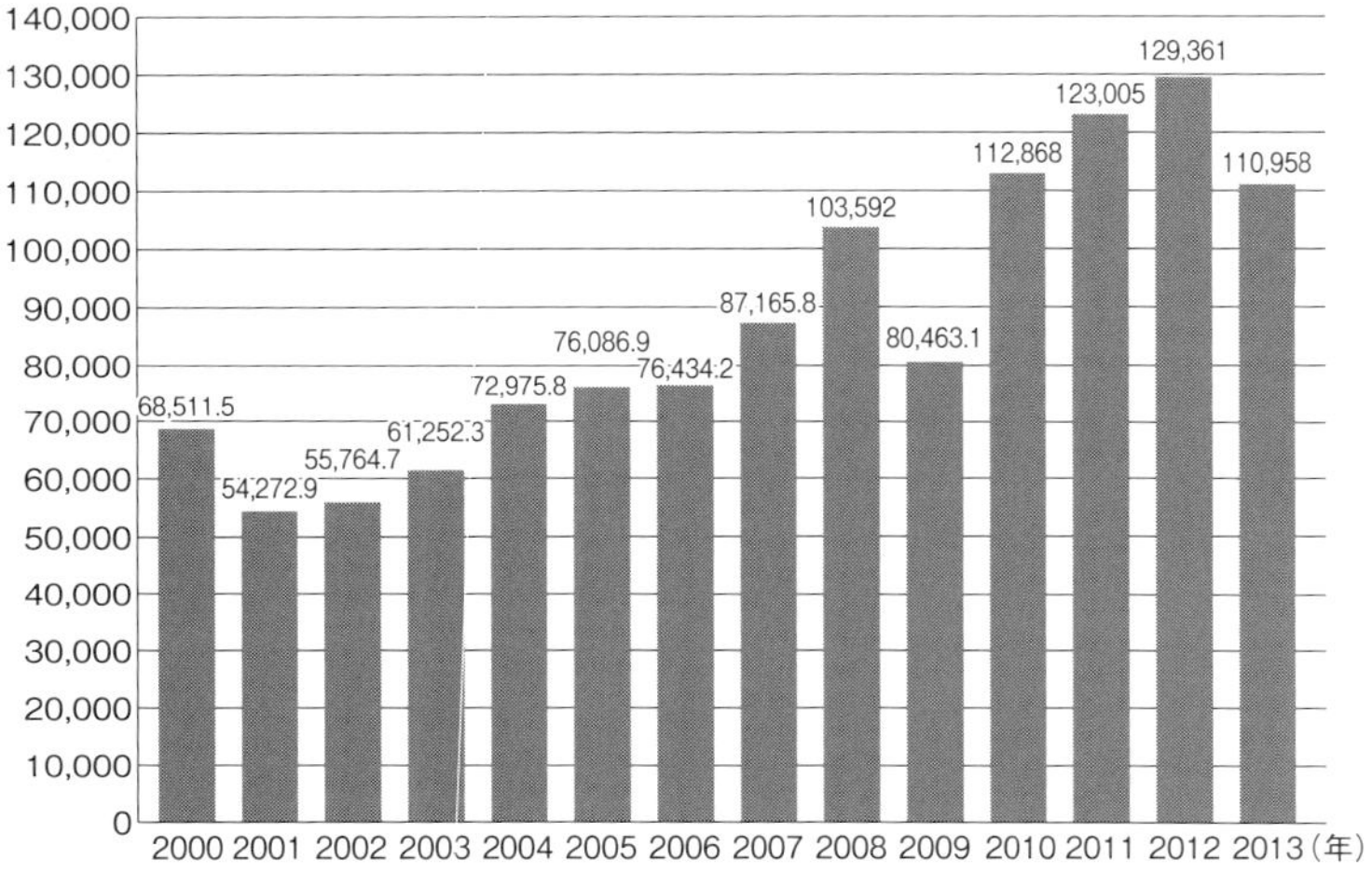

アセアンから日本への輸入

（単位：100万ドル）

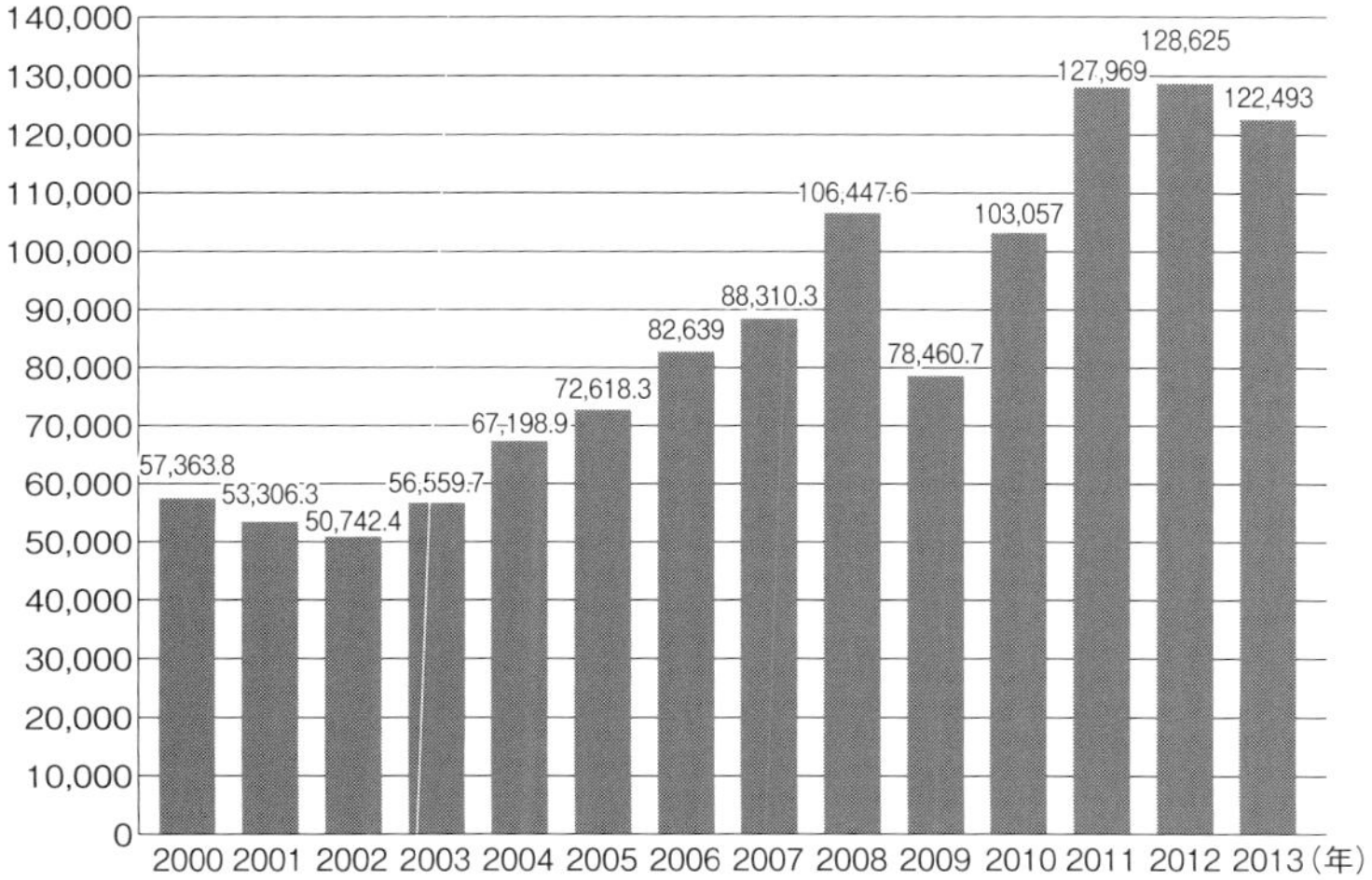

日本の対アセアン直接投資

（単位100万ドル）

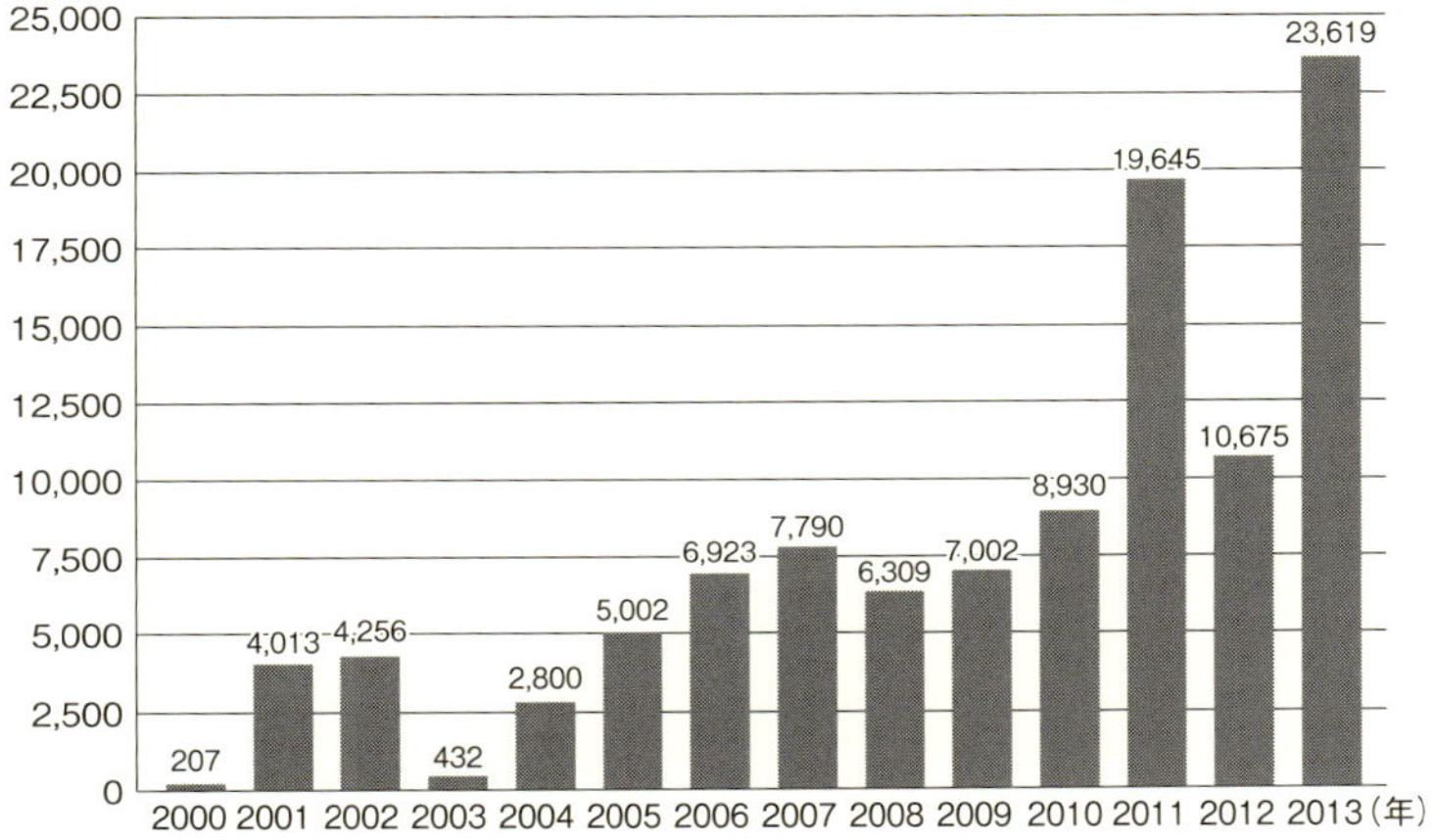

※2000年～2013年と2014年～は国際収支統計の基準変更につき、連続性がない。
※グラフは上記を考慮し、2000年～2013年で作成した。

アセアン各国の国民一人当たりのGDP

（2014年）

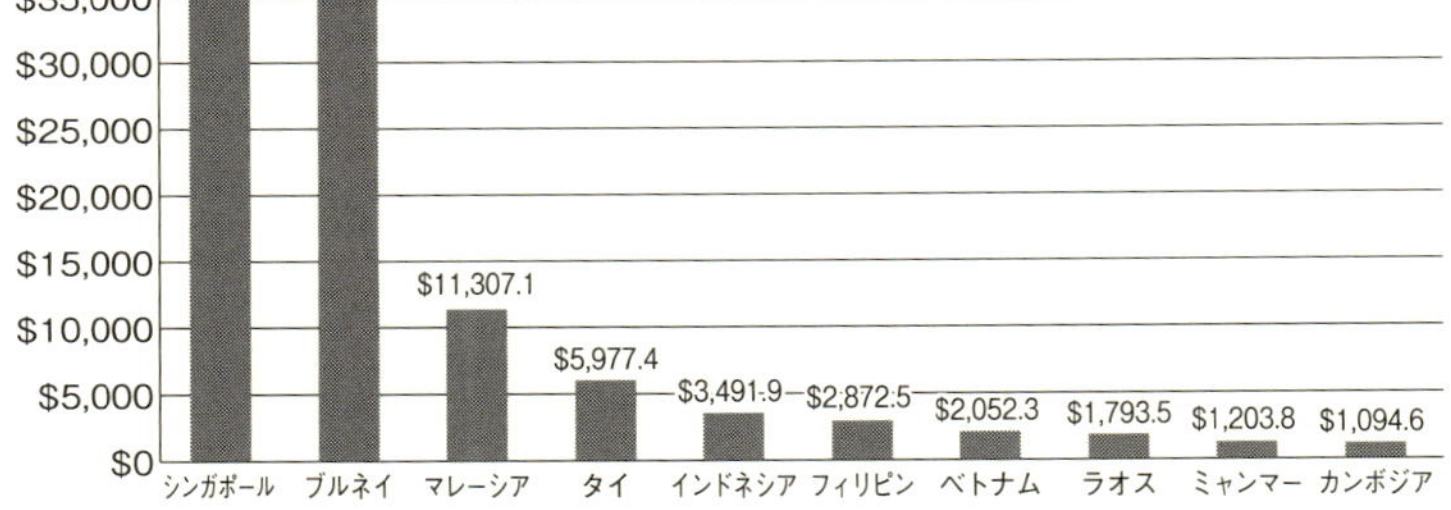

※出典：World Bank（http://data.worldbank.org/indicator/NY.GDP.PCAP.CD）

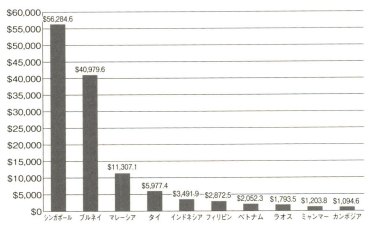

アセアンの「エアコン」の普及状況

（単位：千台）

	2004年	2005年	2006年	2007年	2008年	2009年	2010年	2011年	2012年	2013年
フィリピン	466	460	460	460	419	467	467	515	563	608
ベトナム	129	156	203	288	389	477	670	632	877	1103
タイ	486	600	630	660	685	698	957	855	1028	1072
マレーシア	486	550	658	690	674	669	751	749	793	821
シンガポール	138	139	139	144	148	140	137	141	141	140
インドネシア	632	690	690	900	996	1224	1493	1588	1941	2153
ミャンマー	18	19	20	22	21	20	56	65	74	79
合計	2355	2614	2800	3164	3332	3695	4531	4545	5417	5976

アセアンの「冷蔵庫」の普及状況

（単位：千台）

	2004年	2005年	2006年	2007年	2008年	2009年	2010年	2011年	2012年	2013年
フィリピン	595	615	635	655	642	642	674	708	740	750
ベトナム	816	890	920	1000	1070	1124	1240	1300	1365	1450
タイ	1156	1209	1230	1260	1260	1200	1261	1300	1400	1500
マレーシア	465	480	495	510	470	446	457	473	480	500
シンガポール	82	84	86	88	89	88	89	89	90	90
インドネシア	1950	2100	2000	2200	2368	2486	2511	2600	2650	2700
ミャンマー	43	44	42	43	42	41	42	42	44	47
合計	5107	5422	5408	5756	5941	6027	6274	6512	6769	7037

アセアンの「洗濯機」の普及状況

（単位：千台）

	2004年	2005年	2006年	2007年	2008年	2009年	2010年	2011年	2012年	2013年
フィリピン	727	756	794	833	841	885	885	890	980	1025
ベトナム	300	450	480	580	624	790	870	900	990	1025
タイ	880	932	964	1017	1015	1250	1275	1350	1485	1485
マレーシア	364	370	414	439	428	455	465	485	535	555
シンガポール	106	118	118	119	117	145	148	149	164	165
インドネシア	638	661	690	920	1159	1227	1475	2005	2506	2650
ミャンマー	13	13	14	16	17	17	18	24	27	29
合計	3028	3300	3474	3924	4201	4769	5136	5803	6687	6934

アセアンの「掃除機」の普及状況

（単位：千台）

	2004年	2005年	2006年	2007年	2008年	2009年	2010年	2011年	2012年	2013年
フィリピン	18	19	20	21	22	24	24	26	29	29
ベトナム	58	60	63	66	69	67	108	115	111	85
タイ	210	220	300	350	404	460	539	480	501	535
マレーシア	114	117	120	122	124	127	250	293	304	315
シンガポール	78	80	81	82	83	84	91	91	113	115
インドネシア	30	43	36	41	60	52	53	104	123	140
ミャンマー	2	2	2	2	2	2	2	7	14	15
合計	510	541	622	684	764	816	1067	1116	1195	1234

アセアンの「電子レンジ」の普及状況

（単位：千台）

	2004年	2005年	2006年	2007年	2008年	2009年	2010年	2011年	2012年	2013年
フィリピン	131	158	176	142	179	148	172	191	189	226
ベトナム	71	80	88	165	219	253	236	240	322	313
タイ	249	256	222	371	464	582	700	755	550	600
マレーシア	85	184	172	214	189	215	217	219	217	210
シンガポール	73	76	59	82	82	66	99	95	82	98
インドネシア	34	37	39	45	48	44	55	57	68	74
ミャンマー	2	3	2	4	5	6	7	9	17	22
合計	645	794	758	1023	1186	1314	1486	1566	1445	1543

※出典：（2004年から2009年）…白物家電7品目の世界需要調査　日本電機工業会　2012年3月
※出典：（2010年から2013年）…白物家電5品目の世界需要調査　日本電機工業会　2015年3月

各国の自動車メーカーのアセアン生産拠点数（2016年4月現在）

	インドネシア	シンガポール	タイ	フィリピン	マレーシア	ブルネイ	ラオス	ベトナム	ミャンマー	カンボジア	合計
トヨタ	4		3(1)	2	1			1			11(1)
ダイハツ	1				1						2
スバル					1						1
マツダ			2		1			1			4
日産	1		1(1)	2	1			1(1)			6(2)
三菱	2			2							4
スズキ	1		2	1	1		1	1	1	1	9
ホンダ	2(1)		2(2)	2	3			1			10(3)
いすゞ	4		4(2)	2	1			1			12(2)
日野	1		1		1			1			4
三菱ふそう			1								1
現代・起亜	1				1						2
VW											0
フォード			2					1			3
GM	1		1					1			3
PSA					1						1

※（　）内は開発拠点

※出典：http://newsroom.toyota.co.jp/jp/corporate/companyinformation/worldwide
※出典：http://www.daihatsu.co.jp/company/outline/facilities/index.htm
※出典：http://www.mazda.com/ja/about/profile/activity/asia/
※出典：http://www.nissan-global.com/JP/COMPANY/PROFILE/EN_ESTABLISHMENT/ASIA/
※出典：http://www.mitsubishi-motors.com/jp/corporate/aboutus/profile/asia.html#asia
※出典：http://www.suzuki.co.jp/corporate/producingbase/abroad.html
※出典：http://www.honda.co.jp/group/manufacturing-facilities/index.html
※出典：http://www.isuzu.co.jp/company/aboutus/global_01.html
※出典：http://www.hino.co.jp/about_us/organization/overseas_office.html
※出典：World Motor Vehicle Date
※出典：http://corporate.ford.com/company/operation-list.html#s0f0
※出典：http://www.psa-peugeot-citroen.com/fr/groupe-automobile/presentation/carte-implantation-monde

主要参考文献

・伊藤隆敏、財務省財務総合政策研究所編著『ＡＳＥＡＮの経済発展と日本』日本評論社、二〇〇四年。
・石川幸一・清水一史・助川成也編著『ＡＳＥＡＮ経済共同体　東アジア統合の核となりうるか』ジェトロ、二〇〇九年。
・石川幸一・清水一史・助川成也編著『ＡＳＥＡＮ経済共同体と日本　巨大統合市場の誕生』文眞堂、二〇一三年。
・山影進『アセアン―シンボルからシステムへ』東京大学出版会、一九九一年。
・山影進編『新しいＡＳＥＡＮ―地域共同体とアジアの中心性を目指して―』アジア経済研究所、二〇一一年。
・西村英俊編『アセアンの自動車・同部品産業と地域統合の進展』東アジア・アセアン経済研究センター（ＥＲＩＡ）、二〇一二年。
・西村英俊「東アジア経済 統合と進むべきＡＳＥＡＮの道」（早稲田大学アジア太平洋研究センター『アジア太平洋討究』第22号、二〇一四年三月）。
・小林英夫ほか編『岩波講座 近代日本と植民地』第一巻、岩波書店、一九九二年。
・小林英夫『ＢＲＩＣｓの底力』ちくま書房、二〇〇八年。
・デロイトトーマツコンサルティング自動車セクター東南アジアチーム著『自動車産業　ＡＳＥＡＮ攻略　勝ち残りに向けた五つの戦略』日経ＢＰ社、二〇一三年。
・ＦＯＵＲＩＮ『アジア自動車調査月報』フォーイン、二〇一四年一月号～一二月号。
・ＦＯＵＲＩＮ『アジア自動車調査月報』フォーイン、二〇一三年一月号～一二月号。
・佐藤百合『経済大国インドネシア』中央公論新社、二〇一一年。
・佐藤百合・大原盛樹編『アジアの二輪車産業』アジア経済研究所、二〇〇六年。
・公益社団法人日本経済研究センター『メコン圏経済の新展開』、二〇一四年。
・春日尚雄『ＡＳＥＡＮシフトが進む日系企業―統合一体化するメコン地域―』文眞堂、二〇一四年。
・若松勇・小島英太郎編『ＡＳＥＡＮ・南西アジアのビジネス環境』ジェトロ、二〇一四年。

・日本経済研究センター研究本部国際・アジア研究グループ『ASEAN経済と企業戦略：日本経済新聞社からの受託研究・「アジア研究」報告書』、二〇一二年。
・根本敏則・橋本雅隆編著『自動車部品調達システムの中国・ASEAN展開：トヨタのグローバル・ロジスティクス』中央経済社、二〇一〇年。
・石川幸一・朽木昭文・清水一史　編著『現代ASEAN経済論』文眞堂、二〇一五年。
・浦田秀次郎・金ゼンマ　編著『グローバリゼーションとアジア地域統合』勁草書房、二〇一二年。
・浦田秀次郎・栗田匡相　編著『アジア地域経済統合』勁草書房、二〇一二年。
・浦田秀次郎・牛山隆一・可部繁三郎　編著『ASEAN経済統合の実態』文眞堂、二〇一五年。
・深沢淳一・助川成也『ASEAN大市場統合と日本』文眞堂、二〇一四年。
・みずほ総合研究所『図解　ASEANを読み解く』東洋経済新報社、二〇一五年。
・Baldwin, Richard (2011) "21st Century Regionalism : Filling the Gap between 21st Century Trade and 20th Century Trade Rules"Center for Economic Policy Research Policy Insight No56 (May). (http://www.eapr.org)
・Hideo Kobayashi and Yingshan Jin (2014) : "The CLMV Automobile and Auto Parts Industry", ERIA (Economic Research Institute for ASEAN and East Asia).
・Hideo Kobayashi (2014): "Current State and Issues of the Automobile and Auto Parts Industries in ASEAN, ERIA (Economic Research Institute for ASEAN and East Asia).
・Research Institute Auto Parts Industries, Waseda University(2014) : "Automobile and Auto Components Industries in ASEAN: Current State and Issues, ERIA (Economic Research Institute for ASEAN and East Asia)
・Kobayashi, H., Jin, Y., Schroeder, M. (2015) : "ASEAN Economic Community and the regional automotive industry : impact of ASEAN economic integration on two types of automotive production in Southeast Asia",: International Journal of Automotive Technology and Management , Vol.15, No 3, Special issue on : GERPISA 2014 'Old and New Spaces of Automotive Industry Toward a New Balance', pp 268-291

主要参考データ

・ASIAN　DEVELOPMENT BANK "Statistics and Databases"(http://www.adb.org/data/statistics)
・International Monetary Fund "World Economic Outlook Databases"(https://www.imf.org/external/ns/cs.aspx?id=28)

出典一覧

・ＪＥＴＲＯ（https://www.jetro.go.jp/world/japan/stats/fdi.html）
・日本銀行　国際収支統計（https://www.boj.or.jp/statistics/br/bop_06/index.htm/）
・UN World Population Prospect（https://esa.un.org/unpd/wpp/）

【編著者略歴】
西村　英俊　（にしむら・ひでとし）
1952年大阪生まれ。1976年東京大学法学部卒。通産省入省。1981年イェール大学大学院修了（MA）。現在、東アジア・アセアン経済研究センター事務総長。早稲田大学客員教授。主要著作に「東アジア経済統合と進むべきアセアンの道」『早稲田大学アジア太平洋討究』（22巻　2014年）ほか。

小林　英夫　（こばやし・ひでお）
1943年東京生まれ。1966年東京都立大学法経学部卒。1971年東京都立大学博士課程修了。現在、早稲田大学名誉教授、早稲田大学自動車部品産業研究所顧問。主要著作に『BRICsの底力』（筑摩書房　2008年）ほか。

浦田　秀次郎　（うらた・しゅうじろう）
1950年埼玉県生まれ。スタンフォード大学経済学部大学院Ph.D取得。ブルッキンズ研究所研究員、世界銀行エコノミストを経て、現在、早稲田大学大学院アジア太平洋研究科教授。主要著作に『アジア地域経済統合』（共編著　勁草書房　2012年）ほか。

編集協力／相川　強

アセアン統合の衝撃

2016年9月2日　第1刷発行

編著者　西村英俊　小林英夫　浦田秀次郎
発行者　唐津　隆
発行所　株式会社ビジネス社
〒162-0805　東京都新宿区矢来町114番地　神楽坂高橋ビル5F
電話　03-5227-1602　FAX 03-5227-1603
URL　http://www.business-sha.co.jp/

〈カバーデザイン〉中村聡
〈本文DTP〉茂呂田　剛（エムアンドケイ）
〈印刷・製本〉モリモト印刷株式会社
〈編集担当〉本田朋子　〈営業担当〉山口健志

ISBN978-4-8284-1904-6